AMV

Anthony Amaral

Junge Pferde selber schulen

*Der einfache Weg,
sich ein grundehrliches Pferd zu erziehen*

Herausgegeben von Ursula Bruns

Albert Müller Verlag AG
Rüschlikon-Zürich, Stuttgart, Wien

Umschlagfoto: Ursula Bruns
Fotos: Ursula Bruns

Aus dem Amerikanischen übersetzt von Sigrid Eicher. Titel des amerikanischen Originals: HOW TO TRAIN YOUR HORSE, erschienen bei Winchester Press, New York, N.Y. 10017. Copyright © by Anthony Amaral, 1977. – Deutsche Ausgabe: © Albert Müller Verlag, AG, Rüschlikon-Zürich, 1979. – Nachdruck, auch einzelner Teile, verboten. Alle Nebenrechte vom Verlag vorbehalten, insbesondere die Filmrechte, das Abdrucksrecht für Zeitungen und Zeitschriften, das Recht zur Gestaltung und Verbreitung von gekürzten Ausgaben und Lizenzausgaben, Hörspielen, Funk- und Fernsehsendungen sowie das Recht zur foto- und klangmechanischen Wiedergabe durch jedes bekannte, aber auch durch heute noch unbekannte Verfahren. – ISBN 3-275-00716-5. – 1/5-79. – Printed in Switzerland.

Methode ist nicht alles;
sie führt jeden nur bis zu einem gewissen Punkt.

Eugène Delacroix (Tagebücher)

Inhalt

Einleitung

Mit diesem Buch möchte ich Ihnen einen Weg zeigen, Ihr eigenes Pferd zu schulen. Zugegeben: Seit Xenophon vierhundert v.Chr. seine Gedanken zu diesem Thema niederschrieb, haben Hunderte von Büchern, Büchlein und Artikeln in Fachzeitschriften dieses Angebot gemacht.

Viele der Anleitungen sind aber von Berufsreitern für Berufsreiter geschrieben. Einzelheiten werden oft nur angedeutet, so daß zwar der Berufsreiter Bescheid weiß, der Anfänger aber nur recht fragmentarisch informiert wird.

Zum Beispiel: In wie vielen Büchern wird über das *Gefühl* – eine Art intuitives Verständnis – gesprochen, das den Unterschied ausmacht zwischen einem wirklichen Pferdefachmann und einem Normalmenschen, der sich ein bißchen mit Pferden beschäftigt? Ich kann Ihnen versichern, daß sich nur sehr wenige Reitlehren die Mühe machen, dieses *Gefühl* zu erklären. Was man tun kann, um diese wesentliche Eigenschaft zu entwickeln, wird in diesem Buch in späteren Kapiteln erläutert.

Die klassischen Werke der Reitliteratur sind zwar fabelhafte Exkursionen durch das hippologische Gedankengut und die Techniken von Jahrhunderten – von Xenophon bis Pluvinel, Newcastle, Caprilli, Fillis, Chamberlin und Podhajsky – und bieten sehr viel; sie stellen aber ganze Ausbildungssysteme dar. *Darin eingeschlossen sind Temperament und Eigenschaften des jeweiligen Autors, aber nicht notwendigerweise Ihr eigenes Temperament und Ihre Eigenschaften.* Die klassischen Reitlehren wenden sich im wesentlichen an den erfahrenen Reiter und bieten ihm auch den größten Nutzen.

Der Neuling – derjenige, der gerade anfängt, sich mit Pferden zu befassen – ist verloren, wenn er versucht, die Methoden berühmter Reiter zu kopieren. Es ist um einiges wahrscheinlicher, daß er auf diesem Weg eher den Mut verliert (von möglichen Qualen für das Pferd ganz zu schweigen) als damit Erfolg zu haben.

Warum? Die meisten Bücher über die Ausbildung von Pferden können Ihnen nur einen Weg dazu zeigen, nicht aber unbedingt *Ihren* Weg, der durch *Ihre Erfahrungen, Ihr Temperament und Ihre eigenen Fähigkeiten* bestimmt wird. Außerdem kann Ihnen nur das Pferd Erfahrung vermitteln; nur durch das Pferd entwikkeln sich Ihr Bewußtsein und Ihr Geschick im Umgang mit Pferden. Nur wenn Sie so viele verschiedene Pferde wie möglich reiten und schulen, werden Sie sich Ihrer eigenen besonderen Eigenschaften und Fähigkeiten bewußt. Bei all dem darf man aber nie das Pferd und seine Natur unterschätzen.

Zu mir sagte einmal jemand, so schwer könne es nicht sein, Pferde zu schulen, weil das Pferd doch ein dummes Tier sei. Dieses oberflächliche Urteil hängt davon ab, wie man Dummheit definiert und unter welchen Bedingungen sie gemessen wird. Wissenschaftliche Laborversuche haben das Pferd in der tierischen Intelligenzskala nicht sehr hoch eingestuft. Diese Bewertung ist jedoch rein akademisch. Wenn man lange genug mit Pferden umgeht und besonders wenn man vom Sattel aus mit ihnen arbeitet, merkt man sehr schnell, daß kaum ein Tier dem Menschen gegenüber schlauer und scharfsichtiger ist als das Pferd. Außerdem lassen sich gerade diejenigen, die Pferde für dumm halten, am leichtesten von einem Pferd verblüffen und zum Narren halten.

Dies alles weist auf eine der wenigen absoluten Regeln bei der Schulung von Pferden hin. Denken Sie immer daran, wenn Sie anfangen, die Geduld zu verlieren, oder dem Pferd mangelnde Intelligenz vorwerfen, weil Sie sich nicht mit ihm verständigen können. *Ihr Pferd ist Ihr bester Kritiker*. Wie gut es ausgebildet ist, hängt direkt von Ihrer Technik, Ihrer Geduld und Ihrem Verständnis für die Natur des Pferdes ab. Versuchen Sie es nicht mit rationalen Erklärungen. Ihr Pferd ist Ihr Spiegelbild. Pferde sind im allgemeinen bereit, die ihnen gestellten Anforderungen zu erfüllen, wenn sie ihnen vernünftig dargebracht werden; sie stellen sich aber zum Kampf, wenn man sie verwirrt oder mißbraucht.

Lassen Sie mich deshalb den ersten Satz dieser Einleitung neu formulieren: Ich möchte Ihnen mit diesem Buch helfen, Ihre Fähigkeiten als Ausbilder zu entwickeln. Das Buch enthält nicht die vollständige Ausbildung eines Dressur- oder Western-Pferdes, sondern will eher grundsätzlich ein System aufzeigen, das es Ihnen erlaubt, eine gewisse Technik des Ausbildens zu entwickeln und sich in die Gedanken eines Pferdes hineinzudenken. Wenn Sie ernsthaft wollen (und ich werde die grundlegenden Gedanken über die Entwicklung der entsprechenden Fähigkeiten immer wieder wiederholen), werden Sie zu soliden Ausbildungsmethoden kommen. Dann können Sie allein weitermachen und mit größerem Nutzen andere Bücher über die Reitkunst studieren.

Meine Methode beruht auf den Erfahrungen, die ich in vielen Jahren der Ausbildung von Pferden und der Arbeit mit jungen (und auch älteren) Menschen gesammelt habe, die ihr Pferd besser verstehen lernen wollten, indem sie es selbst ausbildeten. Ich will *nicht nur das Wie* erklären, sondern auch, *wie man* das Pferd *korrigiert,* wenn es nicht tut, was es soll. Nehmen Sie zum Beispiel das Longieren. Wir alle wissen, wie sich ein Pferd im Idealfall an der Longe bewegen soll. Wenn es nun aber den Zirkel einfach nicht ausgehen will? Oder stehenbleibt? Oder sich dauernd zum Mittelpunkt dreht? Oder hereinkommt? Oder wild herumrennt und macht, was es will – mit der Gefahr, daß eine schlechte Gewohnheit daraus wird (ganz zu schweigen vom möglichen Wutausbruch des Longenhalters)? In solchen Augenblicken, wenn das Pferd seine Zuflucht zu Tricks nimmt und auszuweichen versucht, wird Ihre Qualität als Ausbilder wirklich auf die Probe gestellt.

Sie müssen nicht nur wissen, was zu tun ist; Sie müssen auch so reagieren, wie es die besondere Natur des Pferdes erfordert. Deshalb wird dieses Thema ausführlich erörtert, bevor wir uns den eigentlichen Methoden der Ausbildung zuwenden. Sparen Sie sich bitte diese Vorrede nicht. Schließlich ist die Arbeit mit einem Pferd nicht dasselbe, wie auf ein Fahrrad zu steigen und loszustrampeln. Das Pferd ist ein lebendes, fühlendes Wesen, und je mehr Sie von seinen Gewohnheiten und Besonderheiten verstehen, desto besser werden Sie es nach der Ausbildung in der Hand haben.

Als ich vor Jahren bei James Fillis jr., dem Sohn des früheren Leiters der russischen Kavallerieschule und einem der besten Reiter Europas, die dressurmässige Ausbildung von Pferden lernte, sagte er einmal zu mir: «Wenn du mitdenken willst, zeige ich dir, wie man Pferde schult. Und wenn du mit dem Denken nicht aufhörst, wirst du auf deinem eigenen Weg weiter gelangen, als ich es dir zeigen kann, und du wirst als Reiter auf eigenen Füßen stehen.»

Dieselbe Einladung ergeht nun an Sie.

Im Januar 1977

Anthony Amaral
Santa Barbara, Kalifornien

1 Eine philosophische Betrachtung

Bevor Sie vor dem Wort «philosophisch» zurückschrecken, lassen Sie mich Ihnen versichern, daß es hier nur verwendet wird, um gewisse Gedanken über die Ausbildung vorzutragen, die eher eine bestimmte Geisteshaltung als bestimmte Verfahren darstellen.

In diesem Kapitel möchte ich Ihnen ein breites Spektrum von Gedanken zur Ausbildung nebst einigen der üblichen Fallstricke aufzeigen, die dem Neuling am Anfang oft zu schaffen machen. Nach diesem allgemeinen Überblick wollen wir uns auf Dinge konzentrieren, die der Klärung bedürfen.

Wenn Sie die Einleitung gelesen haben, glauben Sie vielleicht, daß ich etwas gegen Bücher über die Schulung von Pferden habe. Das stimmt aber nicht. In Wirklichkeit erweckt meine Bibliothek von Pferdebüchern eher den Eindruck, ich wäre ein Bibliomane der Pferdeliteratur. Ich möchte hier lediglich betonen, daß man sie aus einer bestimmten Perspektive betrachten muß. Schließlich ist es dem Autor gegenüber auch nicht fair, einfach anzunehmen, daß man nur seinen Anweisungen zu folgen brauche – und schon habe man ein fertig ausgebildetes Pferd.

Ich weiß, daß viele Amateure diesen Weg gegangen sind, daß sie zum Schluß verzweifelten und den Verfasser beschimpften. Aber das kommt davon, daß sie mehr von dem Buch erwarteten als ein Buch geben kann. Erst wenn man weiß, was ein Buch *nicht* für einen tun kann, bekommt man eine Ahnung davon, wieviel man aus eigenem Antrieb noch dazulernen muß.

Gratulieren Sie sich dennoch, wenn Sie versucht haben, sich nach Büchern zu richten. Es sagt viel über Ihre Haltung aus – auf jeden Fall über Ihren Wunsch, zu lernen und Ihr Pferd richtig zu behandeln, indem Sie ihm Schmerz und Unbequemlichkeit zu ersparen versuchten. Diese Art der Annäherung zeugt jedenfalls von einer Haltung, die denjenigen abgeht, die das Pferd solange im

Maul reißen und in die Rippe boxen, bis es gehorcht. Trotzdem bin ich überzeugt, daß selbst Sherlock Holmes – hätte er sich für die Ausbildung von Pferden interessiert – sich in den widersprüchlichen Ratschlägen der Fachliteratur nicht zurechtgefunden hätte.

Damit hätte er nicht allein gestanden – weder damals noch heute. Eine Folge des phänomenalen Ansteigens der Zahl von Reitpferden auf der Welt und des wachsenden Interesses an ihnen ist der Wunsch von immer mehr Neulingen, ihr Pferd selber zu schulen. Das ist eine wunderbare Motivierung und mit Sicherheit dazu angetan, daß man sein Pferd noch mehr liebt und schätzt. Doch sind für viele, die sich ausschließlich an Bücher halten, die Enttäuschungen groß. Denn ehe man nicht eine Beziehung zum Pferd, eine gefühlsmäßige Affinität zu ihm gefunden hat, helfen nicht einmal die simpelsten Ratschläge weiter.

Auf diese Beziehung kommt es vor allem anderen an, eine Beziehung, die das schon erwähnte *Gefühl* für Pferde widerspiegelt. Gefühl ist schwer zu erklären. Es beginnt damit, daß man nie, und ganz besonders nicht in schwierigen Augenblicken, vergißt, daß Pferde anders denken als Menschen. Sie müssen lernen, Ihr Denken auf das des Pferdes auszurichten, das heißt: eher zu reagieren als zu räsonieren. Das Denkvermögen des Pferdes ist tatsächlich begrenzt. Darüber hinaus ist das Pferd – unabhängig von seiner Größe und zu unserem Glück – von Natur aus ängstlich. Seit unvordenklicher Zeit, als das Pferd noch nicht größer war als ein Schäferhund, hat es bei Gefahr nur eines im Sinn: zu rennen – und nicht etwa nachzudenken. Die festen Hufe, die Anordnung der Augen, die ihm selbst beim Grasen einen nahezu vollständigen Rundblick ermöglichen, sein scharfes Gehör und der Geruchssinn sind alles angeborene Überlebensmechanismen, die ihm auf der Flucht vor der Gefahr von größtem Vorteil sind.

Dieser Instinkt, vor furchterregenden Dingen davonzulaufen, ist in jedem Pferd mehr oder weniger lebendig. Hier ein Beispiel dazu, und zwar eines, das oft dazu führt, daß man Pferde für dumm hält. Es kommt tagtäglich beim Anbinden vor: das Pferd zerrt nach rückwärts. Für uns wäre die vernünftige Reaktion, mit dem Zerren aufzuhören, weil das Halfter sonst hinter den Ohren kneift und weh tut. Das Pferd aber zieht noch heftiger nach rückwärts, bis das Halfter oder der Strick schließlich reißt.

Dumm?

Nur nach unserer Auffassung. Denn das Pferd bekam Angst, als es den schmerzhaften Druck spürte, und es zerrte immer weiter, um dem Schmerz zu entfliehen. Es dachte nicht, sondern gehorchte seinem Instinkt, der ihm zu fliehen befahl.

Dennoch habe ich, wie Sie vermutlich auch, immer wieder gesehen, daß Leute bei soviel «Dummheit» die Geduld verloren und das Pferd auch noch bestraften. Ebenso gut könnte man einen Stein dumm nennen und ihn anbrüllen.

Statt die Geduld zu verlieren und das Pferd mit einem harten «Laß das!» noch mehr zu erschrecken, sollte man lieber so tun *als ob*. Das ist eine Technik, die oft auch von Ärzten im Umgang mit nervenkranken Patienten angewandt wird. Wenn ein Patient sich aufregt, tut der Arzt, als bemerke er es überhaupt nicht, und vermeidet dadurch, daß die Angelegenheit weiter aufgebauscht wird. Das wirkt manchmal auch bei Pferden. Ich habe erlebt, daß Pferde beim Putzen rückwärtsgingen, und statt darauf einzugehen, blieb ich nur ruhig stehen, worauf sie aufhörten zu zerren. Das scheint vielleicht im Widerspruch zu dem zu stehen, was ich zuvor über das immer stärkere Rückwärtszerren gesagt habe; es zeigt jedoch nur, daß im Verhalten des Pferdes die Ausnahmen eher die Regel sind. Sie werden das auch noch merken. Manchmal verfängt eine Methode, manchmal nicht. Wie ich später noch ausführen werde, ist aber alles, was wir im Umgang mit Pferden tun, und sei es das Unbedeutendste, schon eine Form der Ausbildung. Meiner Erfahrung nach hat das *Als-ob-Spiel* in Augenblicken der Panik eine sehr beruhigende Wirkung.

Aber zurück zu der Frage, wie man das Denken und Verhalten des Pferdes verstehen lernen kann. Dieses Verständnis ist wichtig, ob man nun einem Fohlen beibringt, sich am Halfter führen zu lassen, oder ob man Ausbildung auf höchstem Niveau betreibt. Viele Gewohnheiten und Denkmuster des Pferdes begreift man schnell, wenn man sein Verhalten stets beobachtet und über seine Reaktionen auf das Verhalten des Menschen nachdenkt. Das Verständnis der Denkweise des Pferdes wird zum Gerüst, auf dem die Grundsätze der Schulung aufbauen.

An sich ist die Schulung einfach: angeborene Reflexe befähigen das Pferd zum Lernen. Man könnte einem Pferd beispielsweise nicht beibringen, über Hindernisse zu springen, zu galoppieren, eine erhabene Passage vorzuführen oder auch nur die Oberlippe hochzuziehen, wenn die Fähigkeit dazu nicht schon vorhanden wäre. Es kommt jedoch auf die Technik und die Begabung des Ausbilders an, ob es den Anforderungen leicht oder schwerfällig genügt und mit welcher Vollkommenheit es seine Lektionen ausführt.

Zu den erwünschten Reaktionen bringt man ein Pferd durch Belohnung. Sie besteht im Aufhören einer Hilfe (respektive des Drucks, mit dem sie angewandt wurde) oder im Nachlassen einer mechanischen Einwirkung auf das Pferd. Dieses Aufhören oder Nachlassen wird oft von lobendem Klopfen oder Streicheln begleitet. Daß die Hilfe oder der Druck aufhörte, verstärkt die Bereitwilligkeit des Pferdes, auf die Weise zu reagieren, die dieses Aufhören bewirkte, und damit ist die gewünschte Reaktion gefestigt.

Je öfter die Hilfe wiederholt wird und je öfter das Pferd die Annehmlichkeit des Nachlassens erlebt, desto bereitwilliger reagiert es aus einer Gewohnheit heraus. Vergessen Sie nie: Das Pferd liebt die Gewohnheit! Bei allen Routineangelegenheiten fühlt es sich sicher und geborgen. Aber – *ein Pferd lernt schlechte Angewohnheiten noch schneller, wenn der Trainer keine Geduld aufbringt* (worauf das Pferd sich zu verteidigen beginnt) *oder ungeschickt oder unsicher ist in der Durchführung seiner Methode.* Was alles in anderen Worten sagt, *daß es an beidseitigem Rapport, am Verständnis zwischen ihnen fehlt.*

Die gewohnheitsliebende Natur des Pferdes ist für den Ausbilder die beste Unterstützung. Andererseits verhilft sie dem Pferd zur Verteidigung gegen unsachgemäße Behandlung und kann es zum Steigen, zum Buckeln, zum Durchgehen, Beißen oder Schlagen bringen.

Einfach? Ja und nein. Ja, weil man das Prinzip schnell begreift. Nein, weil man sich ein Leben lang mit den Feinheiten der Ausbildung beschäftigt haben muß, um diese Prinzipien auch richtig anwenden zu können. Weil man das Temperament, die Veranlagung und Intelligenz eines bestimmten Pferdes genau kennen muß, um eine entsprechende Ausbildungstechnik auszutüfteln. Darin bestehen Frustration und Faszination des Studiums der Pferdeschulung, und das beweist auch, warum es für den Anfänger unmöglich ist, erfolgreiche Methoden aus Büchern zu lernen.

Nur wenn er zuerst aus eigenen Erfahrungen einen persönlichen Stil entwickelt, kann der Ausbilder also Sinn und Bedeutung anderer Gedanken erkennen. Es gibt verschiedene Wege, ein Pferd auf das gleiche Ziel hin auszubilden; der Versuch, fremde Methoden zu kopieren, ohne die eigenen Grenzen zu berücksichtigen, birgt aber mehr Fallstricke als Vorteile.

Im Osten der USA und in einem großen Teil von Europa vergleicht man oft die deutsche und die italienische Schule. Die Debatte flammt von Zeit zu Zeit wieder auf, und man kann an ihr gut die Widersprüche erläutern, die den Anfänger so oft verwirren.

Die italienische Reiterei basiert seit ihrer Erneuerung durch Caprilli auf einem natürlichen Reitstil: das in seinen Bewegungen nicht eingeschränkte Pferd findet unter dem im leichten Sitz reitenden Reiter selbst sein Gleichgewicht. Ziel der Ausbildung sind Spring- und Geländepferde. Das gebräuchliche Mundstück ist die Trense. Das Pferd ist kaum versammelt und dressurmäßig nur sehr elementar geritten.

Das deutsche System basiert dagegen sehr stark auf der dressurmäßigen Ausbildung. Durch die Kandare wird ein hoher Grad von Versammlung erreicht; das Pferd hat sich dem Reiter völlig unterzuordnen.

Die beiden Systeme beruhen auf gegensätzlichen Techniken. Das eine erlaubt dem Pferd viel Bewegungsfreiheit und Selbständigkeit, das andere fordert Unterordnung des Pferdes. Dennoch haben beide Systeme Sieger in internationalen Wettkämpfen hervorgebracht. Noch verwirrender: jede Methode ist ein getreues Abbild des Temperamentes der zugehörigen Nation. Dieses *Temperament* ist eine der wichtigen Variablen und darf darum nicht leichtherzig außer acht gelassen werden, wenn man verschiedene Techniken für den eigenen Gebrauch studiert.

Bei den heutigen Wettkämpfen sind in Abstufungen und Schattierungen alle nur denkbaren Ausbildungssysteme zu erkennen, und gerade das macht es dem Anfänger so schwer, den richtigen Weg zu finden.

Damit fängt die Verwirrung aber erst an. In einem Buch steht, daß Longenarbeit das beste für ein junges Pferd ist, im nächsten wird für das Fahren im Geschirr plädiert, und der dritte Autor empfiehlt: «Einfach aufsitzen und losreiten – denn darauf kommt es früher oder später doch hinaus.» Je mehr man sich mit verschiedenen Ausbildungsmethoden beschäftigt, desto mehr gegensätzliche Theorien lernt man kennen.

Eine Lawine von Gedanken und Widersprüchen bezüglich Technik und Ausrüstung geht über den Anfänger und den etwas Fortgeschritteneren nieder. Es gibt keinen einfachen Ausweg; man muß selbst anfangen zu denken. Die Wahrheit ist nämlich, daß an jeder Art – solange es eine humane Art ist – etwas Gutes daran ist. Wieviel Erfolg man mit einer Methode hat, hängt jedoch von den eigenen Fähigkeiten ab.

Die Methode, die wir im folgenden besprechen werden, hilft dem Neuling, seine Fähigkeiten zu entwickeln und sein Vertrauen aufzubauen. Auf diese Weise stehen die Chancen des Pferdes, zu einer wirklichen Ausbildung zu kommen, erheblich besser.

2 Ein Pferd ist ein Pferd – und kein Hund

Um Ihre Einstellung, Ihre Haltung und Ihre Gewohnheiten gegenüber Pferden geht es mir im folgenden, denn ich bin davon überzeugt, daß alles, was wir im normalen, täglichen Umgang mit Pferden tun, bereits eine Form der Ausbildung darstellt.

Zu Beginn möchte ich einen Vergleich mit dem Hund anstellen. Nach meiner Ansicht machen viele Hundeliebhaber ihre Hunde zu Neurotikern, indem sie ihre Lieblinge übermäßig verwöhnen, ihnen Unmengen an Futter verabreichen und sie ständig vermenschlichen. Das hat schon manchen Hund fett, faul und dumm werden lassen. Wahrscheinlich sind die Hof- und Jagdhunde neben den Hütehunden die letzten Vertreter ihrer Rasse mit einem erfüllten Leben, weil sie eine artgemäße Aufgabe zu erledigen haben.

Zum Glück sind Pferde nie ganz so schlimm verwöhnt worden wie Hunde. Der Schoßhund kann zwar mit der inaktiven Rolle leben, die wir ihm zugedacht haben, weil er dem Menschen mehr zugetan ist; das Pferd aber hat wenig von der Anhänglichkeit und Ergebenheit des Hundes.

Je mehr sich jedoch die Pferdehaltung zu einem Hobby und einer Freizeitbeschäftigung entwickelt (und das Pferd nicht mehr wie früher, vor der Erfindung des Verbrennungsmotors, Partner bei harter Arbeit ist), desto mehr fällt mir bei vielen Pferdeliebhabern eine Tendenz dazu auf, ihre Tiere zu Hätschelwesen zu machen und ein entsprechendes Benehmen von ihnen zu erwarten. Das ist albern, und es kann sogar gefährlich sein.

Bitte mißverstehen Sie mich nicht. Es ist eine Freude, mit Pferden umzugehen. Einer der Gründe, sich ein Pferd zu halten, besteht ja eben darin, daß man soviel Spaß mit Pferden haben kann. Man tut dem Pferd jedoch keinen Gefallen, wenn man es zu einem schoßtierhaften Verhalten zwingen will oder dies von ihm auch nur erwartet. Das kann unangenehme und, wie schon gesagt, sogar verhängnisvolle Folgen haben.

Dies zu schreiben, grenzt an Häresie. Ich bin mir dessen bewußt. Ich weiß auch, daß vielen Pferden das dauernde Streicheln und Tätscheln nichts ausmacht oder daß sie es vielmehr *ertragen;* ich weiß aber auch, daß es viele gibt, die meine Abneigung gegen zuviel Verhätschelung durch ihr Verhalten bestätigen. Sicher weiß ein Pferd freundliche Behandlung zu schätzen, und die meisten haben gern menschliche Gesellschaft. Aber das hat Grenzen.

Ein Beispiel dazu: Ein junges Mädchen – geradezu das Musterbeispiel einer Pferdenärrin – besaß eine hübsche, muntere Halbblutstute. Sie verbrachte endlose Stunden mit ihr, ritt und putzte sie und streichelte sie unaufhörlich am Kopf, an den Ohren und an den Nüstern. Kein Pferd wurde je mehr «geliebt». Ganz allmählich aber ließ die Stute Ärger über dieses Streicheln und Tätscheln erkennen. Sie legte die Ohren an und riß den Kopf zur Seite, wenn das Mädchen sie streicheln wollte. Dann fing sie an zu schnappen. Das hätte Warnung genug sein sollen; das Mädchen verwies es ihr aber nur mit sanfter Stimme, was das Pferd als Ermutigung auffaßte. Es dauerte nicht mehr lange, bis es auf das Mädchen losging. Anstatt nun endlich mit der Tätschelei aufzuhören, betrachtete dieses die Sache als Spiel. Jedesmal wenn das Pferd auf sie losschoß, sprang es zurück, und in kürzester Zeit war es soweit, daß das Pferd es jagte und das Ganze wie ein angelernter Trick aussah. Das Mädchen war begeistert.

Als die Stute eines Tages ruhig hinter ihr hertrottete, forderte sie sie zum Spiel heraus, indem sie sich umwandte, ihr einen Klaps auf die Nase gab und dann wegrannte. Dieses Mal endete das Spiel im Krankenhaus: Am Ende ihrer Geduld, schoß die Stute vor und schlug dem Mädchen oberhalb des Hüftknochens die Zähne ins Fleisch.

Ich erfuhr davon und machte der Mutter des Mädchens klar, daß nicht nur das Pferd Disziplin lernen, sondern daß auch die Tochter damit aufhören müsse, die Stute zu verwöhnen und mit ihr zu spielen. Leider ging es nicht ohne harte Strafen ab, ehe das Pferd wieder einigermaßen umgänglich wurde und sich für normale Ausbildungsmethoden empfänglich zeigte. Gelegenheit, ihre Kraft gegen die eines Menschen zu erproben, bekam sie jedenfalls nicht mehr.

Denken Sie deshalb immer daran: Ein Pferd ist intelligent genug, etwas zu lernen, aber zu unserem Glück nicht intelligent genug, sich seiner eigenen Kraft bewußt zu sein oder sie gegen den Menschen zu gebrauchen - *es sei denn, man ermutige es dazu.*

Unsachgemäße Behandlung kann auch darin bestehen, daß man aus Nachgiebigkeit und mißverstandener Freundlichkeit das Pferd mit viel mehr Futter vollstopft, als es für seine Arbeit braucht. Die Futtermenge muß stets dem individuellen Bedürfnis angepaßt sein. Manche Pferde brauchen zwar mehr Futter als andere und vertragen Kraftfutter in großen Mengen, ohne daß ihre Persönlichkeit darunter leidet. Für andere ist ein bißchen Kraftfutter schon zuviel. Sie werden launisch und entwickeln schlechte Gewohnheiten, indem sie zum Beispiel Holz benagen. Kräftiges Futter wird nur verarbeitet, wenn auch kräftige Arbeit geleistet wird. Andernfalls sticht die Pferde der Hafer, und sie werden so dreist, daß ihre Besitzer schließlich Angst vor ihnen bekommen.

Sehr oft habe ich das Gefühl, daß sich Neulinge aus Unsicherheit so verhalten, weil sie nicht wissen, wie sie das richtige Verhältnis (schon wieder: Gefühl) zu ihrem Pferd aufbauen sollen. Aus dieser Unsicherheit heraus neigen sie dazu, im Zweifelsfall nachzugeben und das Pferd zu verwöhnen. Denken Sie daran: *ein Pferd spürt sehr schnell, wie selbstsicher ein Mensch ist.* Es lernt schnell, die Menschen einzuschätzen, und macht sich jede Schwäche, die es entdeckt, sofort zunutze. Nichts ist dem Pferd lieber, als seinen eigenen Kopf durchzusetzen. Je mehr man ihm gestattet, desto mehr erwartet es auch.

Ein weiteres Beispiel: Eine mir bekannte Familie begann mit ihrer ersten Stute zu züchten. Als wir uns kennenlernten, hatten sie einen dreijährigen Hengst von ihr. Das nächste Fohlen hatten sie verloren, und als ich im nächsten Jahr mit dem Hengst zu arbeiten begann, war sie wieder tragend.

Es ging um folgendes. Der junge Hengst war das einzige Pferd außer der Stute, war ungeheuer verwöhnt worden und hatte tun dürfen, was ihm gefiel. In seinen drei Jahren hatte er gerade gelernt, ein Halfter zu tragen und sich führen zu lassen. Mehr Disziplin kannte er nicht, und ansonsten ging alles nach seinem Kopf. Als die Familie ihn ans Putzen gewöhnen wollte, scharrte und stampfte er und wollte nicht stillstehen. Die Familie, die weiter nichts von Pferden verstand, hörte mit dem Putzen auf. Das Pferd hatte gewonnen. Als man versuchte, ein Bein aufzuheben, um den Huf zu säubern, zerrte er solange, bis er das Bein wieder frei hatte, oder er legte sich schwer auf den, der das Bein aufhob. Wieder gewann er. Die Familie sah ihm diese harmlosen Ungezogenheiten nach, weil sie ihn für zu jung hielt und glaubte, er würde mit der Zeit schon ruhiger werden.

Das alles begann, wie erwähnt, schon im Fohlenalter. Statt darauf zu bestehen, daß er Manieren lernte, ließ man ihm seine Aufsässigkeiten durchgehen.

Ich mache diesen Leuten keinen Vorwurf. Sie gehören zu den Tausenden von Amateuren, die – besonders wenn es um Hengste geht – Rat und Hilfe brauchen. Das Pferd hatte also kaum Disziplin gelernt und war in keiner Weise auf die Rolle vorbereitet, die es später einmal spielen sollte. Die Kinder spielten mit ihm, und die Familie freute sich, wenn er quer über die Koppel gerast kam, um einen Leckerbissen abzuholen. Wenn es nichts mehr gab, schnappte er. Nachts schlug er solange gegen die Stallwand, bis ihn jemand herausließ.

Als ich Familie und Hengst kennenlernte, war er gefährlich. Nie hatte ihm jemand Disziplin beigebracht, und grundsätzlich tat er nur, was ihm gefiel. Für die Hufschmiede war er, wie ich erfuhr, ein Alptraum. Einer von ihnen warf ihn um und fesselte ihn, um ihm die Hufe ausschneiden zu können. Die Familie fand das grausam und ließ diesen Schmied nie wieder kommen, obwohl das Hinwerfen vermutlich die beste Lektion gewesen war, die er jemals erhalten hatte, um menschliche Wesen respektieren zu lernen.

So aber kannte dieses Pferd weder Respekt noch Furcht vor Menschen. Versuchte man, ihm ein Halfter überzustreifen, verdrehte er den Kopf, um einen zu beißen. Als ich wieder einmal versuchte, ihm das Halfter überzustreifen (nachdem ich mich schon einigemale mit Rippenstößen gegen seine Beißversuche zur Wehr gesetzt hatte), fiel er plötzlich auf die Knie und versuchte, mich ins Bein zu beißen.

Als ich zum erstenmal aufsaß, wehrte er sich nicht. Allerdings war er auch um nichts auf der Welt zum Vorwärtsgehen zu bewegen. Ich legte die Schenkel an, setzte die Absätze ein, hieb sie ihm schließlich in die Rippen – er grunzte nur und wurde immer störrischer. Ich spürte, daß er demnächst steigen würde, und das machte mir Angst. So ließ ich ihn von einem Mitglied der Familie führen, während ich im Sattel saß. Er ging sofort mit, einfach weil ihm das Geführtwerden vertraut war und er es als natürlich akzeptiert hatte. Als ich jedoch noch einmal versuchte, ihn durch Schenkeldruck zum Vorwärtsgehen zu veranlassen, blieb er wieder stehen. Es war überaus wichtig, daß ich mich nun durchsetzte, und so beschloß ich, die Gerte zu benutzen. Gleichzeitig mit dem Schenkeldruck erhielt er einen Gertenhieb. Beinahe wäre er unter dem Sattel davongeschossen, und etwa zwanzig Sekunden lang tobte er auf der Wiese herum. Aber – er hatte sich bewegt!

Nach einer Woche und nachdem ich ihn jedesmal, wenn er auf meinen Schenkeldruck nicht reagierte, hart gestraft hatte, begann er sich endlich wie ein Pferd zu benehmen, das gelernt hat, menschlichen Wünschen nachzukommen.

Heute ist er ein Wallach, und zwar einer der sanftesten, die ich kenne. Als ich aber damals mit ihm arbeitete, war er eines der gefährlichsten Tiere, mit denen ich je zu tun hatte; gefährlich, weil er buchstäblich überhaupt keine Disziplin gelernt hatte. Schlimmer noch: er hatte nicht die Spur von Respekt – oder meinetwegen auch Angst – vor Menschen. Leider mußte er bei mir erst einmal durch eine harte Schule gehen, aber ich hatte keine andere Wahl. Und alles nur, weil man ihn verhätschelt und ihm nicht die grundlegenden Verhaltensformen beigebracht hatte.

Ich zucke deshalb jedesmal zusammen, wenn ich wieder ein Pferd sehe, das auf dem besten Weg ist, durch die Schuld «liebender» Besitzer ebenso zu werden. Ich ärgere mich, wenn Leute ihre Pferde unbedingt küssen müssen, wenn sie die Fohlen mit ins Haus nehmen und – was das Schlimmste ist –, ihnen ständig kleine Ungezogenheiten nachsehen, weil sie nicht das Herz haben, sie zu strafen oder zur Räson zu bringen. Solche Leute behaupten immer, sie könnten nicht grausam gegen Tiere sein. Dabei sind sie dafür verantwortlich, wenn man das Pferd später sehr viel härter als üblich strafen muß, um ihm gefährliche Gewohnheiten wieder abzugewöhnen, die infolge der Verzärtelung durch den Besitzer überhaupt erst entstehen konnten.

Entschuldigen Sie den Gemeinplatz, aber Vorsicht ist wirklich tausendmal besser als Nachsicht, besonders bei der Ausbildung von Pferden. Hüten Sie sich also, Ihr Pferd wie einen Hund zu behandeln. Das Pferd reagiert nicht wie ein Hund. Die Natur hat es anders geschaffen. Ein spielerisches Schnappen, ein Zucken beim Beschlagen oder Hufereinigen, ein leichtes Buckeln kann sich schnell zu einem wirkungsvollen Machtmittel entwickeln, wenn das Pferd einmal gelernt hat, wie gut sich dies für seine Zwecke einsetzen läßt. Denken Sie daran, daß es für das Pferd keine guten oder schlechten Gewohnheiten gibt. Für das Pferd sind alle Gewohnheiten gleich.

Natürlich soll das nicht heißen, daß Sie sich Ihrem Pferd stets nur mit einer langen Peitsche nähern sollen, um ihm Ihre Vorrangstellung zu beweisen. Wenn Sie sich eine ruhige Haltung zulegen und bestimmt und selbstsicher mit ihm umgehen, wird es sich auch wunschgemäß verhalten. Wie ich zu Beginn schon sagte, ist dies schon eine Form der Vorbereitung oder Ausbildung, die auf Ihren Gewohnheiten im Umgang mit dem Pferd basiert.

Über das Strafen spreche ich im nächsten Kapitel noch ausführlich; deshalb möchte ich hier nur kurz erläutern, was ich unter Festigkeit verstehe, damit Sie verstehen, worum es beim Umgang mit Pferden letztlich geht. Sehen wir uns als Beispiel das Fohlen an. In diesem Lebensalter widersetzen sich Pferde am gründlichsten jedem Versuch, sie mit irgendeiner Form von Disziplin bekannt zu machen. Gleichzeitig bilden sich aber schon jetzt gute und schlechte Angewohnheiten heraus.

Wenn ein Fohlen einige Monate alt ist – spätestens aber nach dem Absetzen –, beginnt die grundsätzliche Erziehung. Wenn man ein Bein aufhebt, um den Huf zu säubern, wehrt sich das Fohlen und versucht das Bein wegzuziehen, besonders wenn es um die Hinterbeine geht. Das ist eine natürliche Reaktion. Versuchen Sie unter gutem Zureden weiter, das Bein aufzuheben und wenigstens ein paar Augenblicke festzuhalten, auch wenn das Fohlen noch heftiger kämpft und das Bein wieder frei bekommt. Ohne harte Worte und vor allem ohne Schläge (die ihm nur noch mehr Angst machen, es in die Defensive treiben und seine Abwehr verstärken) nimmt man solange unter beruhigendem Zureden das Bein auf, bis das Fohlen aufhört zu kämpfen – und sei es nur für einen Augenblick. Dann setzt man das Bein sanft wieder zurück. Damit haben Sie einen bestimmten Eindruck erzielt: Als es aufhörte, sich zu wehren, nur einen Augenblick, wurde es freigelassen – ganz unbeschadet.

Das Schlüsselwort ist «Wiederholung». Wenn man den Vorgang immer und immer wiederholt und dabei stets *ruhig, sicher* und *fest* bleibt, läßt sich das Fohlen schnell ohne große Aufregung die Beine aufheben, und so wird es auch bleiben, wenn es größer und stärker geworden ist. Es hat gelernt, dieser bestimmten Forderung *rein gewohnheitsmäßig* nachzukommen, weil es Gewohnheit liebt und sich gern nach Gewohnheiten ausrichtet.

Das gleiche gilt aber auch für schlechte Gewohnheiten, wenn Sie deren Entwicklung nicht verhindern. Was zur Gewohnheit wird, hängt davon ab, was Sie dulden. Achten Sie stets auf solche Dinge in Ihrem Verhalten Pferden gegenüber, die unerwünschte Reaktionen herausfordern könnten, und ergreifen Sie rechtzeitig Gegenmaßnahmen. Lieben Sie Ihr Pferd, aber nehmen Sie es auch ernst. Erlauben Sie ihm nie, seine Größe und seine Kraft gegen Sie einzusetzen.

3 Das ehrliche Pferd

Im sogenannten Goldenen Zeitalter der Pferdeausbildung, als – wie in allen Goldenen Zeitaltern – ein bestimmter Höhepunkt erreicht war, von dem aus es nur noch abwärtsgehen konnte, behielten die Ausbilder ihre Methoden sorgsam für sich. Ein paar der Unternehmenderen machten sich weltweit einen Namen, indem sie die Ergebnisse – nicht das Geheimnis – der Zähmung bösartiger Pferde durch geheimnisvolle Methoden vorführten.

Andere, ebenfalls große Kenner der Natur des Pferdes, veröffentlichten ihre Methoden unter so verführerischen Titeln wie *«Das Geheimnis der Pferdezähmung»* oder *«Wie man sanftmütige Pferde erzieht – erstmals aufgedeckt»*. Besonders erfolgreich war ein Büchlein, das sich mit dem Einreiten bösartiger Pferde beschäftigte. Seine enormen Verkaufsziffern lassen darauf schließen, daß es wahrscheinlich viele durch falsche Behandlung verdorbene Pferde gab und das Goldene Zeitalter der Ausbildung vielleicht doch nicht so golden war.

Heute werden solche *Geheimnisse* kaum noch zum Kauf angeboten, und auch die Ausbilder, die sich damit brüsten, über besondere und geheimnisvolle Kenntnisse zu verfügen, sind selten geworden. Ein Geheimnis aber gibt es wirklich – wenn man es so nennen will. Erfolgreiche Ausbilder kennen es und richten sich danach, und es hilft ihnen, bestens ausgebildete Pferde mit tadellosen Manieren herauszubringen. Das Geheimnis? *Von vornherein das richtige Pferd für den richtigen Zweck auszuwählen.*

Keinem wirklich guten amerikanischen Ausbilder würde es einfallen, ausgerechnet aus einem leicht erregbaren Halbblüter mit den typischen, auf Show angelegten Gangarten des Saddlebred ein zuverlässiges Cutting Horse für den Umgang mit Rindern machen zu wollen. Und umgekehrt würde er nicht ein kurzbeiniges, stämmiges, muskulöses Quarter Horse aussuchen, um daraus ein elegantes Pferd für den Showring zu machen. Das sind natürlich Extreme, und in ganz besonderen Fällen kann solch ein Versuch sogar gelingen. Die Aussichten, mit einiger Leichtigkeit zu einem Erfolg zu kommen, sind aber um vieles besser, wenn er gleich ein Tier auswählt, das vom Gebäude und der Abstammung her die jeweils gewünschten Eigenschaften mitbringt.

Auch der Anfänger sollte wählerisch sein. Seltsamerweise ist die wichtigste Eigenschaft eines Pferdes gerade für den Anfänger am wenigsten interessant. Farbe, Größe und Abzeichen faszinieren die meisten Leute zu Beginn ihrer Reiterlaufbahn meist viel mehr als die *Veranlagung* eines Pferdes, aber *gerade auf sie kommt es an.*

Lassen Sie mich eine Geschichte erzählen. Erinnern Sie sich, wie Alexander, lange bevor man ihn «den Großen» nannte, den aufgeregten Bukephalos zähmte? Mit wilden Augen stieg und tobte der schwarze Hengst solange gegen das Halfter, daß Alexanders Vater ihn nicht für die königlichen Ställe kaufen wollte. Der junge Alexander griff ein. Er stellte das Pferd so, daß es in die Sonne sah und nicht mehr vor den huschenden Schatten der Menschen scheute, und schon beruhigte sich das prachtvolle Roß. Angeblich hatte es nur an diesen Schatten gelegen, und das Pferd war ansonsten ganz in Ordnung.

In Wirklichkeit stimmt vermutlich eine ganze Menge nicht, wenn ein Pferd nur wegen ein paar Schatten steigt und tobt. Die Geschichte ist zwar mehr oder weniger eine Sage, besitzt jedoch eine gewisse Wahrscheinlichkeit. Auf einen jungen Menschen wie Alexander übte die Zähmung eines feurigen Pferdes wahrscheinlich eine starke Faszination aus.

Das empfand früher auch ich, wenn ich auf einem nervösen, tänzelnden Pferd saß. Es forderte mein Einfühlungsvermögen, mein Können (das damals noch mehr Bluff war) und mein Gefühl der Männlichkeit heraus. In manchen Fällen hakte mein gesunder Menschenverstand einfach aus. Heute mache ich einen großen Bogen um verrückte Pferde. Noch wichtiger: Wenn ich mir heute ein Pferd ansehe, das ich kaufen oder ausbilden soll, achte ich in erster Linie auf *Charakter* und *Veranlagung*. Bei einem vernünftigen, gutmütigen Pferd sehe ich sogar über ein paar Gebäude- oder Schönheitsfehler hinweg.

Natürlich heißt das nicht, daß ich hoch im Blut stehende Pferde überhaupt nicht mag. Jedes Siegerpferd in einer Schauklasse braucht ein gewisses Feuer. Und wer könnte schon die unbestreitbare Schönheit eines edlen, temperamentvollen Pferdes in Freiheit leugnen? Der entscheidende Unterschied zwischen einem edlen Pferd, das relativ sicher zu reiten ist, und einem edlen Pferd, das gefährlich ist, besteht in der Ehrlichkeit seines Charakters.

Ehrlichkeit ist eine menschliche Bezeichnung und für das Pferd selbst natürlich ohne jede Bedeutung, denn es überlegt ja nicht. Da ein Pferd seinen Reiter aber verletzen, sogar töten kann, ist ein Begriff wie Ehrlichkeit in bezug auf Temperament oder charakterliche Veranlagung eines Pferdes sehr wohl angebracht.

In den letzten zehn Jahren habe ich eine Statistik über menschliche Verletzungen durch das Pferd geführt – nicht über die normalen Unfälle, wenn jemand vom Pferd fiel oder auf den Fuß getreten wurde, sondern über solche Fälle, wo der Mensch die Kontrolle über das Pferd verlor. Von den Fällen, in denen ich das Pferd persönlich sehen konnte, wurden etwa sechzig Prozent von sehr heftigen Pferden verursacht. Wenn sie sich plötzlich erschreckten, vergaßen sie alles und vertrauten nur noch ihrem allerprimitivsten Instinkt: sie flüchteten, das heißt, sie gingen durch und rannten dabei häufig in Zäune, Autos oder sonst etwas, das ihnen meist nicht gerade zuträglich war. Andere, die ebenfalls keinen sehr liebenswürdigen Charakter hatten, lernten sehr schnell, sich durch Steigen, Rückwärtslaufen oder Buckeln selbst vor den einfachsten Aufgaben zu drücken. Unglücklicherweise sind solche Pferde meist billig zu haben und landen oft bei pferdenärrischen jungen Mädchen. Selbst wenn sie gewarnt werden, daß sie das Pferd kaum meistern werden, sind sie überzeugt, daß das Pferd nur Geduld und Liebe braucht.

Vielleicht. Aber abgesehen von den Risiken, die mit dem Kauf eines mit Untugenden behafteten Pferdes verbunden sind, gibt es doch viele Pferde mit annehmbarerem Charakter, wenn man auf sie vielleicht auch ein bißchen länger sparen muß. Es ist töricht, seine Zeit damit zu verschwenden, ein verdorbenes Pferd umzuschulen oder die Einstellung eines Pferdes ändern zu wollen, das Menschen nicht besonders mag. Viel besser wäre es, sich eines mit einem ehrlichen Charakter zu suchen.

Was aber ist ein *ehrliches Pferd?* Ein ehrliches Pferd ist einfach das Gegenteil von dem eben Geschilderten. Ein ehrliches Pferd scheut nicht andauernd vor wirklichen oder eingebildeten Gefahren und wehrt sich nicht gegen den Reiter, auch wenn es aufgrund schlechter oder falscher Behandlung vielleicht Grund dazu hätte. Noch wichtiger aber ist, daß ein ehrliches Pferd seine primitiven Instinkte dem Reiter unterordnet, und das nennt man dann *Vertrauen.*

(Zu dem Begriff «Vertrauen» möchte ich noch etwas sagen. Daß man das Vertrauen eines Pferdes gewinnen und in der Ausbildung viel Geduld haben muß, steht in so ziemlich jedem Buch über die Ausbildung von Pferden. *Geduld* und *Vertrauen* – welches aus der Geduld erwächst – könnten genauso gut auf Griechisch geschrieben sein, denn es sind, allgemein gesprochen, die beiden Dinge, die von Reitern und erst recht von Anfängern am wenigsten praktiziert werden. Ungeduld ist ein Hauptcharakteristikum des landläufigen Reiters. Er hat es immer eilig, ist immer auf der Suche nach Abkürzungen, was in mancher Beziehung sicherlich nichts schadet, bei Pferden aber undurchführbar ist. Vielleicht haben wir es mit unseren Pferden deshalb so eilig, weil wir sie turnierfertig machen, Ergebnisse sehen möchten. Genau das erreichen wir aber damit nicht. Sie brauchen nur einmal die vielen ungehorsamen, aufgeregten, halbausgebildeten Pferde auf einem Turnierplatz anzusehen.)

Sicherlich kann auch ein ehrliches Pferd heißblütig sein, gelegentlich scheuen oder sich im Verlauf der Ausbildung einmal widersetzen; solange sich seine Ungezogenheiten aber in gewissen Grenzen halten, ist es nicht grundsätzlich ein schlechtes Pferd. Es geht von Natur aus vorwärts und ist bereit, sich dem Reiter unterzuordnen. Es reagiert auf Zuspruch, auf einen Reiter, der durch festen Sitz und feinfühlige Hände (die um die Wirkung des Gebisses im Pferdemaul wissen) Sicherheit vermittelt.

Fehlen einem Reiter diese Eigenschaften, so spürt gerade ein temperamentvolles Pferd seine Unsicherheit, das mangelnde Vertrauen, und verliert seinerseits das Vertrauen. Seine Reaktion besteht dann darin, nur noch zu tun, was ihm richtig scheint. Mit einem ehrlichen Pferd aber hat auch solch ein Reiter noch eine Chance. Bei einem mit Charakterfehlern behafteten Pferd besteht dagegen wenig Hoffnung, das Experiment zu einem guten Ende zu bringen und mit der Zeit als Reiter an Selbstvertrauen zu gewinnen.

Temperament und Persönlichkeit eines Pferdes machen den Charakter aus. Wie gut es sich ausbilden läßt und wieviel Freude es seinem Reiter bereitet, hängt größtenteils davon ab, ob es einen ehrlichen Charakter hat oder nicht.

Ich kannte Fat Jones, den bedeutendsten Pferdelieferanten für Filmgesellschaften. Er sagte, daß er sich hundert Pferde ansehen müsse, um eines zu finden, das für die Arbeit vor der Filmkamera geeignet sei. Er meinte Stars unter den Pferden, die oft Freiheitsdressuren vorführen. Schönheit war wichtig. Feuer war wichtig. Aber wenn das Pferd nicht zuverlässig jedem Wink seines Ausbilders folgte und in der Hektik der Filmerei nicht seine Ruhe behielt, konnten ihm weder Schönheit noch Feuer zu Filmruhm verhelfen.

Ein gutmütiges Pferd verzeiht außerdem sogar ein paar Fehler in der Ausbildung, ohne sich im Charakter oder im Temperament zu verändern. Seine grundsätzliche Freude und Bereitwilligkeit kommen immer wieder durch. Ein weniger gut veranlagtes Pferd wird sauer. Sein Mißtrauen verstärkt sich ebenso wie seine Neigung zu Unabhängigkeit, was oft gleichbedeutend damit ist, daß es gegen seinen Reiter den eigenen Willen durchzusetzen versucht. Wenn ein temperamentvolles, aber gutmütiges Pferd einmal allzu «kernig» ist, läßt es sich durch Longieren zur Ruhe bringen; nicht so sein Gegenstück, zumindest nicht mit gleicher Longenarbeit. Man müßte es bis zur Erschöpfung ablongieren, bis es nachgäbe.

Ein weiterer Grund, ein unehrliches Pferd zu meiden, besteht darin, daß sich an seinem speziellen Denkmuster wenig ändern läßt. Es gibt keinen scharfen Trennungsstrich zwischen gut und schlecht veranlagten Pferden. Vielmehr lassen sich zahllose Abstufungen konstatieren, die sich je nach den Fähigkeiten des betreffenden Reiters oder Ausbilders wieder verschieden auswirken. Manche Pferde ändern sich nie und bleiben ihr Leben lang ein Ärgernis. Andere werden sauer und bleiben es bei dem einen Reiter auch, können sich in sensibleren Händen aber wieder bessern. Manche nehmen anscheinend überhaupt nichts übel, nicht einmal, wenn sie Grund dazu hätten. Manche können als junge Pferde äußerst widerspenstig und ungezogen sein, werden aber später ruhig und angenehm im Charakter.

Nach den von Wissenschaftlern aufgestellten Intelligenzmaßstäben – ich sagte es schon – sind Pferde vielleicht nicht sehr intelligent, auf jeden Fall aber sind sie sehr unterschiedlich im Temperament, und das sollte man, vor allem wenn man noch nicht viel Erfahrung hat, nie außer acht lassen. So wenig ein Pferd weiß, daß es – nach menschlichen Maßstäben – widerwärtig sein kann, so wenig versucht es zum Glück auch, sein entsprechendes Verhalten zu verbergen.

Das *Auge* des Pferdes verrät viel über seinen Charakter. (Von dieser Behauptung gibt es übrigens, wie bei so vielen anderen Aspekten der Natur und der Ausbildung des Pferdes, auch einige Ausnahmen.) Ein Pferd mit großen, warm blickenden Augen ist wahrscheinlich ein ehrliches, sympathisches Tier. Starr blickende, unruhige oder weißumrandete Augen dagegen deuten auf einen Vertreter der gegensätzlichen Veranlagung hin. *Aber das stimmt nicht immer.* Viele Pferde sind nervös und zeigen das Weiße im Auge, sind aber trotzdem ehrlich und können sich zu feurigen, überdurchschnittlichen Reitpferden entwickeln. Bei anderen Pferden aber deutet die Entwicklung dieses weißen Ringes daraufhin, daß sie mehr sehen als sie verkraften oder verstehen können, so daß sie mit Unruhe, Nervosität und Mißtrauen reagieren. Mit einiger Sicherheit aber sollten Sie sich vor Pferden mit kleinen Schweinsaugen, Ramsnasen (einem ausgeprägt konvexen Profil), ständig vor- und zurückzuckenden oder nach hinten gelegten Ohren hüten, wobei ersteres auf Nervosität, letzteres auf Feindseligkeit schließen läßt.

Das beste Bild kann man sich machen, wenn man das Pferd eine Weile beobachtet. Selbst ein Anfänger kann einiges über Temperament und Persönlichkeit eines Pferdes herausfinden, wenn er es entweder selbst ausgiebig reitet oder es sich vorreiten läßt. Allerdings sollte man immer darauf bestehen, daß das Pferd wirklich warmgeritten und gefordert wird, damit man sieht, wie es sich unter solchen Umständen benimmt.

Es ist weder vernünftig noch eine Freude, «zuviel Pferd» zu besitzen, ein Pferd also, das seinem Reiter «über» ist. Ein Pferd aber, das sich vom Charakter her anbietet und im Bereich der Möglichkeiten seines Reiters liegt, kann echte Freude bereiten. Unnötig zu betonen, daß nur solche Pferde in Frage kommen, wenn man sich zum erstenmal mit der Schulung von Pferden beschäftigt.

4 Strafen und Überzeugen

Ein Meister der alten Vaquero-Schule faßte einmal seine besondere Art des Umgangs mit Pferden folgendermaßen für mich zusammen: «*Ni azúcar ni espuela cada día.*»

Weder Zucker noch Sporen jeden Tag. Das bedeutet viel mehr, als die bloßen Worte sagen. Es ist eine der pragmatischen Verhaltensregeln des geschickten Pferdemannes: *Meiden Sie Extreme!*

Im vorigen Kapitel haben wir uns mit den möglichen Ergebnissen des einen Extrems, des «Zucker-Syndroms», befaßt: Verzärtelung, die zu schlechten Angewohnheiten führen kann. Von Strafe war nur beiläufig die Rede. Den wirklichen Pferdemann erkennt man aber auch daran, wann und wie er eine Strafe einsetzt. Denn von Schulung kann man erst dann reden, wenn man in der Lage ist, dem Pferd seine Gedanken zu übermitteln, und zwar so, daß es sie leicht verstehen kann.

Wegen seines negativen Beigeschmacks ist «Strafen» eigentlich kein gutes Wort im Zusammenhang mit Schulung. Auch «Zur-Ordnung-Rufen» drückt nicht ganz aus, was ich meine, weil es besagt, daß das Pferd erst etwas falsch macht und dann korrigiert wird. «Überzeugen» ist besser, doch müssen die beiden anderen Begriffe darin enthalten sein, wenn das Ziel der Ausbildung erreicht werden soll. In diesem Kapitel möchte ich die Theorie erklären, die der Fähigkeit zugrunde liegt, Pferde so zu schulen, daß sie auf eine bestimmte, erwünschte Weise reagieren.

Daß man sich mit Pferden nicht wie mit Menschen unterhalten kann, ist klar. Der Tonfall aber ist ganz sicher eine Art der Verständigung. Sanfte Töne wirken beruhigend auf das Pferd und geben ihm zu verstehen, daß es richtig reagiert hat. Rauhe Töne dagegen erkennt das Pferd rasch als Zeichen der Mißbilligung. Die Worte selbst sind gleichgültig. Die schlimmsten Schimpfworte, in sanftem Ton gesagt, vermitteln dem Pferd ein Gefühl des Wohlbehagens und der Zufriedenheit. Und die schönsten Worte in hartem Ton haben eine warnende, erschreckende Wirkung auf das Pferd.

Stimme und Tonfall sind bei der Ausbildung folglich wichtige Hilfsmittel. Lernen Sie, sie wirkungsvoll und konsequent einzusetzen. Ihr Pferd lernt sehr schnell, Zustimmung oder Mißbilligung seiner Handlungen herauszuhören.

Die Stimme ist aber nur ein sekundäres Hilfsmittel. Um ein Pferd zu einer bestimmten Reaktion zu veranlassen, ist eine stärkere Hilfe vonnöten, etwas, worauf das Pferd reagiert, weil ihm sonst etwas körperlich Unangenehmes widerfährt. Sehr oft besteht diese Hilfe aus einer Gerte, und Ihre Fähigkeit, sie richtig und mit Geschick einzusetzen, beweist Ihre Qualitäten als Ausbilder. Über die richtige Anwendung der Gerte sprechen wir noch; zunächst wollen wir uns damit befassen, wie die Technik des Überzeugens durch Strafe funktioniert.

Durch Strafen und Überzeugen machen wir uns dem Pferd verständlich. Auf die richtige Reaktion erfolgt keine Strafe, was das Pferd davon überzeugt, daß es sich richtig verhalten hat. Auf eine falsche Reaktion hin erhält es einen Verweis und lernt, daß diese Reaktion unerwünscht ist.

Leider hat der Begriff «Strafe» so viele Bedeutungen wie dieses Buch Seiten. Jeder stellt sich etwas anderes darunter vor. Machen wir uns die Bedeutung so klar wie möglich. In seiner Abhandlung über die Reitkunst, der ersten, die wir zu diesem Thema kennen, schrieb der Grieche Xenophon: «Nähere dich einem Pferd nie im Zorn, denn der Ärger macht uns blind für die Folgen und läßt uns tun, was wir später bereuen...» Lesen Sie das bitte mehrmals. Denken Sie darüber nach. Es ist eine der wenigen unabänderlichen Regeln jeglicher Ausbildung.

«Strafen» bedeutet Zur-Ordnung-Rufen, Korrigieren oder eine Lektion beibringen. Es bedeutet nicht, ein Pferd im Zorn zu verprügeln. Das ist grausam, vor allem dann, wenn das Pferd keine Ahnung hat, warum es so hart angefaßt wird. Außerdem weist diese Haltung den, der sie vertritt, nicht gerade als den Klügeren aus. Er versucht, das Pferd auf seinem ureigenen Gebiet – der Flucht und der Kraft – zu schlagen, und das Pferd ist um einiges schneller und um einiges stärker. Das Pferd wird sich auflehnen (denken Sie daran, was ich über die Natur des Pferdes sagte), und ein rebellisches Pferd kann man nicht ausbilden. Man kann es brechen, aber dann ist nicht mehr viel übrig, das die Mühe lohnt. Dann hat das Pferd jegliches Interesse und Vertrauen zu seinem Ausbilder verloren. Und dieser verliert auf der ganzen Linie.

Zum Glück ist echte Grausamkeit selten. Strafe dagegen ist ein Teil der Ausbildung. Wenn wir von Ausbildung sprechen, meinen wir Strafe *und* Belohnung. In den meisten Büchern werden diese beiden Begriffe aber viel zu beiläufig behandelt. Der bedeutende französische Reiter James Fillis schrieb im vorigen Jahrhundert: «Vor allem darf man auf einem schwierigen Pferd nie die Geduld verlieren. Wenn ein Pferd Strafe verdient hat, sollte es mit soviel Härte gestraft werden, daß es den Ärger dahinter spürt. Auf jeden Fall aber ist es besser, ein Pferd überhaupt nicht zu strafen, als es zu spät zu strafen.»

Darin liegt viel Weisheit – lesen Sie es ruhig mehrmals. Und merken Sie sich den entscheidenden Punkt: *Härte*. Das Pferd muß wissen, daß es etwas falsch gemacht hat, und zwar durch einen scharfen Gertenhieb. Außerdem *sofort strafen*. Drei Sekunden Verzögerung, und das Pferd verbindet die Strafe nicht mehr mit der falschen Reaktion, sondern baut Ihnen gegenüber ein Ressentiment auf.

Für das Strafen selbst gelten aber auch Einschränkungen. Sie strafen in dem Augenblick zuviel, in dem Sie vergessen, daß auch die *Wahl des richtigen Zeitpunkts, ständige Wiederholung* und *Konsequenz bei der Ausbildung* dazu beitragen, das Pferd zu der erwünschten Reaktion zu veranlassen. Zusammen mit *Strafe* und *Belohnung* bilden diese drei Begriffe die fünf wichtigsten Grundsätze jeder Ausbildung. Ohne sie ist jeglicher Versuch, selbst der einfachste, sinnlos. (Sie werden diese fünf Grundsätze sehr schnell lernen, wenn wir später den Verlauf der Grundausbildung besprechen.)

Strafe ist wichtig, aber ebenso auch die Fähigkeit, zu wissen, wann und in welchem Ausmaß sie je nach Pferdetyp angebracht ist. Das Ausmaß an Strafe, das den stumpfen, störrischen Typ trifft, wäre für ein ängstliches oder leicht erregbares Pferd kaum richtig. Diesem letzten Typ macht sowieso schon alles Angst. Seine angeborenen Instinkte sind sehr nah an der Oberfläche; er ist immer bereit, davonzulaufen und durchzugehen. Mit Strafen käme man bei dieser Art Pferd nicht sehr weit. Geradezu grenzenlose Geduld ist für dieses Temperament vonnöten.

Dem störrischen Pferd dagegen tun ein paar spürbare Hiebe ganz gut. Ein solches Pferd überlegt ständig, wie es sich drücken kann, und stellt seinen Reiter, Ausbilder oder Pfleger ständig auf die Probe. Gibt man auch nur ein wenig nach, versucht es sofort, seinen Vorteil noch stärker wahrzunehmen.

Das sind natürlich Extremfälle und in Persönlichkeit und Charakter für die große Mehrzahl der Pferde nicht repräsentativ. Ich wollte Ihnen daran nur die Grenzen aufzeigen, an denen Strafe für den einen Typ sinnlos, für den anderen dagegen nützlich sein kann.

Das normale Pferd – besonders das mit angenehmem Charakter – ist intelligent und im großen und ganzen willig. Lassen Sie sich aber nicht täuschen. Auch solch ein Pferd kann seine Methoden entwickeln, wie es sich drücken oder sich die Arbeit erleichtern kann. Haben Sie schon einmal ein Pferd gesehen, das vom Stall weg in einem Schritt geht, als müßte es ganz allein einen vollbeladenen Bierwagen ziehen? Kaum aber wendet man es in Richtung Stall, kann es plötzlich schneller gehen als andere Pferde traben. Das verstehe ich darunter, die Fähigkeiten oder Möglichkeiten eines Pferdes zu erkennen und zu wissen, wann es einen durch halben Einsatz auf die Probe stellen will. Ein oder zwei energische Klapse mit der Gerte würden es schnell davon überzeugen, daß man auch vom Stall weg einen einigermaßen flotten Schritt von ihm erwarten kann.

Und noch etwas ist in Verbindung mit dem Strafen zu bedenken. Das Pferd ist ein Gewohnheitstier und fühlt sich in der Routine wohl und sicher. Daraus ergibt sich, daß auch bei der Ausbildung Wiederholung wichtig ist, um dem Pferd bestimmte Anforderungen einzuprägen.

So wichtig Wiederholung aber ist – sie kann auch die Wurzel einiger lästiger Angewohnheiten werden. Westernpferde lernen infolge routinemäßiger Wiederholung schnell, daß eine «Vollbremsung» aus dem Galopp heraus gewöhnlich das Ende der

Arbeit anzeigt und sie in den Stall zurück dürfen. Mit dieser Aussicht vor Augen neigen sie dazu, hastig und unsauber zu arbeiten, und oft werden sie dann dafür bestraft. Worauf es mir ankommt, ist: *Es ist ebenso wichtig, Situationen vermeiden zu lernen, die zur Bestrafung Anlaß geben würden.*

Sobald eine Lektion sitzt, sollte man sie daher in abgeänderter Reihenfolge abrufen, damit das Pferd nicht im voraus weiß, was als nächstes verlangt wird. Schließlich will es uns damit sehr oft nur gefällig sein. Wenn Sie nicht sicher sind, daß es pure Widersetzlichkeit ist, wäre es unfair, es für einen geringen Fehler in einer sonst gut ausgeführten Routine zu bestrafen. Auch Schmerz oder Unbehagen, etwa durch eine schlecht verpaßte Trense oder einen scheuernden Sattelgurt, können schuld sein. In einem kritischen Augenblick muß man daher stets den Grund des Versagens oder Ungehorsams herauszufinden versuchen und erst dann entscheiden, was zu tun ist. Gibt es einen Grund dafür, daß das Pferd nicht tut, was es soll, oder ist es einfach nur widersetzlich?

Ich wiederhole noch einmal: *Überprüfen Sie zuerst Sattel und Zaumzeug.* Sie werden sich wundern, wie oft ein Pferd schlecht geht, ja sogar verrückt spielt, weil ein Trensenstück verdreht ist und scheuert oder die Satteldecke eine Falte hat, die am Rücken drückt. Vielleicht ist der Sattel auch schlecht gepolstert, so daß das Reitergewicht schmerzhaft den Rücken belastet.

Sind Sattel und Zaumzeug in Ordnung, sitzt alles bequem und gut und hat sich das Pferd sonst selten oder nie ungewöhnlich benommen, so bringen Sie es in den Stall zurück und versuchen Sie es nach ein oder zwei Stunden noch einmal. Auch Pferde haben einmal einen schlechten Tag. Ziehen Sie diese Möglichkeit wohlwollend in Betracht. Die Vorstellung, ein Pferd müsse immer und überall tun, was der Reiter von ihm verlangt, und man dürfe nicht nachgeben, bevor es Ihrem herrscherlichen Gebot nicht gehorcht habe, führt oft zu unnötiger Härte.

Außerdem bringt es das Pferd automatisch in Abwehrhaltung, wenn Sie jedesmal mit ihm kämpfen. Es wird sich kaum auf das Training oder die routinemäßige Arbeit konzentrieren, wenn es Angst um sein Wohlergehen hat. Und wie schon gesagt können Sie Gift darauf nehmen, daß ihm das eigene Wohlergehen nun einmal am wichtigsten ist.

Tägliche Routine ist das beste Hilfsmittel bei der Ausbildung eines Pferdes, weil die Wiederholung ihm das Lernen erleichtert. *Übertreiben Sie sie aber nicht.* Tests haben ergeben, daß ein Pferd schneller lernt, wenn man Neues in zeitlichen Abständen in die Routine einbaut, zum Beispiel jeden zweiten Tag eine neue Lektion übt und sich ansonsten an die Routine hält. Das ergibt bessere Ergebnisse, als wenn man das Gewohnte zu lange ausschließlich wiederholt. Pferde nehmen mit anderen Worten Neues am besten dann auf, wenn neue Lektionen mit bekannten abwechseln und man hin und wieder einen Ausritt in Wald und Feld einschiebt. Dadurch wird auch der Gefahr vorgebaut, daß sie sauer oder rebellisch werden.

Mit diesen letzten Abschnitten wollte ich Ihnen nahelegen, Ihr *Gefühl* für den Aufbau eines Trainingsplans und bei der Einschätzung Ihres Pferdes zu entwickeln, damit es möglichst überhaupt nicht zu Auseinandersetzungen und Strafen kommt. So bleibt das Pferd an der Arbeit interessiert. Dieses Gefühl muß Ihnen andererseits aber auch sagen, wann das Pferd Sie hereinlegt und nachlässig wird. Wenn Sie dieser Neigung nicht sofort Einhalt gebieten und sie entsprechend bestrafen, können Sie sicher sein, daß es die neugewonnenen Vorteile nicht kampflos wieder aufgibt.

Wenn ein Pferd wirklich herauszufinden versucht, wie weit es bei seinem Reiter gehen kann, muß es unbedingt bestraft werden. Und zwar ohne Aufschub, *sofort* nach dem Ungehorsam. Nur dann weiß das Pferd, wofür es bestraft wird. Vergessen Sie aber nicht, daß eine übertriebene Strafe dem Pferd nur das Gefühl gibt, daß Sie es angreifen, so daß es sich verständlicherweise wehrt.

Die Ausbildung besteht vor allem darin, gewisse Gewohnheiten und Verhaltensweisen beim Pferd zu entwickeln. Gute Gewohnheiten sind solche, die dem Ausbilder gefallen. Alle andere sind schlechte Gewohnheiten. Es entwickeln sich desto weniger schlechte Angewohnheiten, je entschiedener und unverzüglicher ihnen die Strafe folgt.

Verwirrend? Aber nein. Zumindest mit dem Verstand haben Sie nun begriffen, was «Überzeugen durch Strafen» bedeutet – wie es wirkt, einige seiner Feinheiten und das erforderliche Gefühl dafür. Jetzt tappen Sie nur noch zur Hälfte im Dunkeln (es fehlt noch das selbst Ausprobieren), aber das ist schon viel besser als vollständig im Dunkeln zu tappen. Mehr als einmal habe ich erlebt, daß Amateure nach zwei Wochen guter Ausbildungsarbeit plötzlich den Mut verloren, weil ihre Pferde sauer wurden und sich zu wehren begannen. Sie gaben sich selbst die Schuld und hielten sich für schlechte Ausbilder. Sobald sie aber von den Dingen hörten, über die wir gerade sprachen – strafen, wenn das Pferd den Ausbilder auf die Probe stellt, oder ihm eine Erholungspause in der Trainingsroutine gönnen –, fanden ihre Pferde das Interesse an der Arbeit und sie selbst ihr Selbstvertrauen wieder. Es war nicht deshalb zu Problemen gekommen, weil sie unbegabt gewesen wären, sondern weil sie manche Situationen nicht richtig zu deuten wußten und erst lernen mußten, wie man ihnen begegnet.

Zum Abschluß des Kapitels wollen wir nun noch etwas Erfreuliches besprechen: das Lob. Eine Belohnung muß so unverzüglich erfolgen wie eine Bestrafung. Hat ein Pferd seine Aufgabe zufriedenstellend erfüllt, loben sie es mit einem Klopfen am Hals und freundlichen Worten. Das zeigt ihm, daß es etwas richtig gemacht hat und Sie zufrieden sind. Es ist darauf bedacht, den lobenden Ton Ihrer Stimme zu hören, genauso wie es schnell den Vorwurf heraushört oder eine körperliche Strafe begreift. Notwendige und im richtigen Augenblick gegebene Korrekturen machen das Pferd wacher und erhöhen seinen Respekt Ihnen gegenüber. Verdientes Lob baut das Vertrauen auf.

5 Bodentraining I

Fassen wir ein paar der wichtigsten Gedanken über die wir gesprochen haben, zusammen, ehe wir mit den Anweisungen für die tatsächliche Schulung beginnen.

Es ist mir hoffentlich gelungen, Ihnen einzuprägen, daß die Schulung von Pferden eine Fertigkeit wie Zeichnen oder Bildhauern ist. Und soviel Sie auch über das Schulen von Pferden (oder das Zeichnen oder Bildhauern) lesen, eine Fertigkeit entwickelt sich nur durch wirkliche Übung. Sie müssen mit dem Ausbilden anfangen, bevor Sie Nutzen aus Buchwissen ziehen können. Erst dann erhalten Ihre Fähigkeiten durch eine Kombination von Theorie und Praxis den letzten Schliff. Ein Maler oder Bildhauer entwikkelt ein Gefühl für sein Arbeitsmaterial – Pinsel, Farben oder Ton –, und genauso ist es für den Reiter eine gute Untermauerung seiner Fähigkeiten, wenn er etwas von der Natur des Pferdes und seiner Reaktion auf gewisse Reize versteht.

Das Pferd ist für den Ausbilder, was für den Bildhauer der Ton ist. Der Grad der Ausbildung eines Pferdes ist ein Spiegelbild des Verständnisses, das der Ausbilder für die Denkweise des Pferdes aufbringt. Wie wir gesehen haben, ist das Pferd nicht allzu intelligent und kann auch nicht logisch denken. Es denkt nicht wie ein Mensch; also muß der Mensch lernen, wie ein Pferd zu denken, und die Ausbildung so aufbauen, daß sie bestmöglich mit der gewohnheitsliebenden Natur des Pferdes und seiner individuellen Persönlichkeit harmoniert. Die Grenzen der Gewohnheiten (das heißt dessen, was das Pferd tun soll) werden durch die Festigkeit und Genauigkeit des Ausbilders in der Arbeit abgesteckt und durch Wiederholung werden aus erwünschten Reaktionen Gewohnheiten.

Als Neuling sollten Sie sich außerdem ein Pferd mit einem angenehmen Charakter – es darf weder zu nervös noch zu träge sein – für Ihre ersten Ausbildungsversuche aussuchen. Dieser Pferdetyp macht die Arbeit leichter und verzeiht sogar Irrtümer des Ausbilders in gewissen Grenzen.

Dazu kommt nun noch ein weiterer der wenigen absoluten Grundsätze der Ausbildung, eine Überlegung, die den bereits erfahrenen Ausbilder verrät: *Ein Könner bedient sich der einfachsten Methoden und der einfachsten Ausrüstung, macht aber überragenden Gebrauch davon.*

Das ist die Bedeutung und das Ergebnis dessen, was man aus Erfahrung und durch Nachdenken lernen kann. Lassen Sie sich deshalb nie von einem Aufschneider imponieren oder zum Narren halten, der sich der Erfahrung von zwanzig Jahren rühmt, aber unzählige Gebisse und Hilfszügel im Schrank hat und grob zu seinen Pferden ist. Er hat durch Erfahrung nichts gelernt. Alles in allem hat er vielleicht ein Jahr Erfahrung gehabt, und das zwanzigmal. Er hat nichts dazugelernt. Ich erwähne das nur, weil der Neuling sich unweigerlich an den erfahrenen Ausbilder um Rat und Hilfe wendet. Richtig so. Aber es gibt ebenso viele schlechte Ausbilder wie gute. Lernen Sie den herauszufinden, der Sie weiterbringen kann.

Eine Art weiterzukommen ist, sich jeder Herausforderung zu stellen. Nehmen Sie nicht bei jeder Schwierigkeit (die keinem von uns erspart bleibt) Ihre Zuflucht zu einem stärkeren Gebiß, einer wirkungsvolleren Gerte, einem Hilfszügel oder was der Markt für Pferdeartikel sonst gerade für Zaubermittel anzubieten hat. Das ist keine wirkliche Lösung des Problems (von Ausnahmen wird später noch die Rede sein); es macht es vielleicht nur noch schlimmer. Wenn Sie Schwierigkeiten haben, halten Sie an oder steigen ab und analysieren erst einmal, worum es geht. Tun Sie es gleich, denn Leute, die Schwierigkeiten mit der Schulung haben, haben auch Pferde, die Schwierigkeiten mit Leuten haben. Und Sie, nicht Ihr Pferd, müssen eine Lösung finden, die für das Pferd annehmbar ist, wenn Sie es richtig ausbilden wollen.

Vergessen Sie außerdem nicht, daß es bei Pferden so etwas wie latentes Lernen gibt. Oft hat man das Gefühl, daß das Pferd nicht begreift, was man von ihm will, daß es für eine einfache Anforderung viel zuviel Zeit braucht. Aber Geduld – mit Geschick angewendet – trägt ebenfalls dazu bei, daß das Pferd mit der Zeit seine Lektion lernt. Vielleicht genügt eine einzige Stunde. Vielleicht braucht es auch sieben Stunden, eine ganze Woche lang eine jeden Tag. *Ein Pferd braucht Zeit zum Lernen, und ein Ausbilder muß soviel Selbstdisziplin besitzen, daß er dem Pferd genügend Zeit gönnt, eine Lektion zu begreifen.*

Nur zu oft wird zu einer anderen Lektion übergegangen, wenn man das Gefühl hat, mit der ersten nicht durchzukommen. Damit ändert sich gewöhnlich auch die Technik oder der Ablauf, an die das Pferd bisher gewöhnt war, und oft genau in dem Augenblick, in dem das Pferd durch latentes Lernen anfing, das ursprüngliche Ziel des Ausbilders zu begreifen. Der Umschwung kann es nur verwirren.

Selbstdisziplin, ein unmittelbares Ausbildungsziel, und die Geduld, dem Pferd eine Chance zum Lernen zu geben – oft durch latentes Lernen –, und viele Ausbildungsprobleme entstehen gar nicht erst.

Im vorhergehenden Kapitel über Strafen und Überzeugen habe ich darauf hingewiesen, daß die Ausbildung oder eine Pause immer so angelegt sein sollten, daß nach Möglichkeit alles vermieden wird, was Strafe unnötig herausfordern könnte. Ein weiteres Mittel, in Ihrer Anfangszeit ein Zuviel an Ausbildungsproblemen zu vermeiden, ist die Ausbildung des Pferdes ohne Reiter, vom Boden aus.

Vom Boden aus kann man einem jungen Pferd schon eine ganze Menge Grundsätzliches beibringen und es damit seelisch auf eine routinemäßige Arbeit ohne Streß und Überforderung vorbereiten. (Genau genommen ist die Arbeit ohne Reiter für jedes Pferd nützlich, ob es jung oder weniger jung ist, grün oder schon abgestumpft von all den vielen Händen, durch die es schon gegangen ist.) Auf diese Weise kann sich eine Beziehung zum Pferd und das *Gefühl* entwickeln, das, wie ich immer wieder betonen möchte, die Grundlage bildet, auf der sich die Fertigkeit im Schulen verfeinert.

Wenn ein Anfänger versucht, vom Sattel aus auszubilden, hat er gleich zwei Punkte gegen sich. Er hat es nicht nur mit den Schwierigkeiten der Ausbildung zu tun, sondern muß (falls er nicht ein hervorragender Reiter ist) auch noch dauernd darauf achten, daß er selbst durch schlechten Sitz oder ungeschickte Zügelführung nicht die Ausbildung stört.

So wie die menschliche Natur nun einmal beschaffen ist, besteht außerdem eine übergroße Versuchung, viel zuviel mit den Zügeln zu arbeiten. Das lenkt das Pferd von dem ab, was es lernen soll, weil es sich nur noch darauf konzentriert, was in seinem Maul vorgeht. Bei der Ausbildung vom Boden aus braucht der Neuling sich nicht soviel damit zu beschäftigen; er verliert die Kontrolle nicht und hat außerdem die beste Gelegenheit, die Wirkungsweise des Prinzips «Überzeugen durch Strafen» kennenzulernen.

Ein Pferd mit zwei oder auch noch drei Jahren vom Sattel aus auszubilden, wird fast sicher Überbeine, Schalen, Hasenhacken und andere Beinschäden zur Folge haben, die dem Pferd zu schaffen machen. Und obwohl diese Risiken bekannt sind, können die meisten, die ein junges Pferd einzureiten haben, der Versuchung nicht widerstehen, sich daraufzusetzen und «es ein bißchen auszuprobieren». In kürzester Zeit befinden sich dann viele Pferde voll in der Ausbildung, obwohl sich der Reiter fest vorgenommen hatte, nicht viel zu unternehmen, bevor das Pferd nicht ein gewisses Alter erreicht hat.

Es fängt mit dem leisen Versuch an, das Pferd aufzunehmen oder es über einen ganz kleinen Sprung gehen zu lassen. Und da das Pferd diese ersten Übungen meist sehr nett ausführt, beglückwünschen wir uns zu unserer guten Ausbildung oder zu unserem außergewöhnlich intelligenten Pferd. Der Erfolg ermutigt uns zum Weitermachen, und oft erleben wir ein Ende mit Schrecken.

Es stimmt, daß junge Pferde schnell lernen. Sie hatten noch nicht viel zu lernen, und ihr Kopf ist noch nicht angefüllt mit Stichworten und den Reaktionen darauf. Außerdem wollen junge Pferde gern gefällig sein, und ihr Vertrauen hat noch nicht unter falscher Behandlung gelitten, wie es bei manchen später der Fall ist.

Sicher leisten manche Ausbilder gute Arbeit mit jungen Pferden. Manche aber auch nicht. Für den Amateur steht am Ende seiner Bemühungen fast immer ein verstörtes, sauer gemachtes Pferd, weil er die Ausbildung zu schnell vorangetrieben hat. Und während sich Rückschläge in der Ausbildung zum Glück mit der Zeit wieder zurechtbiegen lassen, kann man gegen einen einmal aufgetretenen Beinschaden nur noch wenig tun. Er unterbricht die Arbeit zeitweilig oder für immer, und damit wären wir wieder bei den Vorzügen der Ausbildung ohne Reiter.

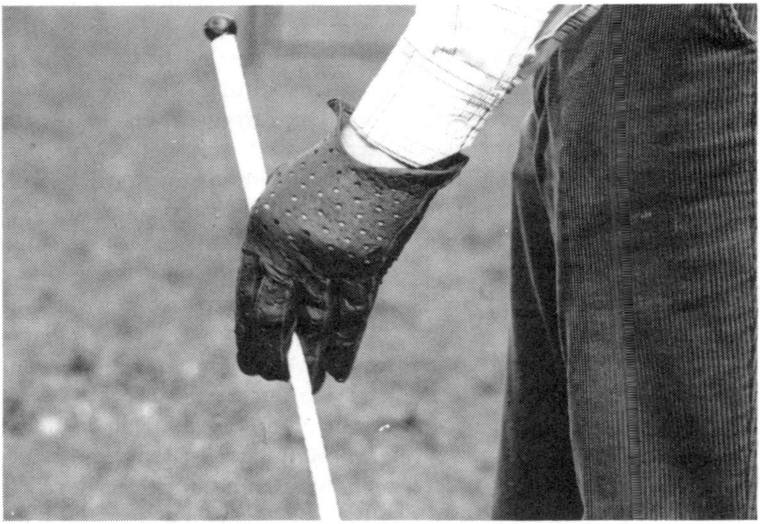

Abb. 1–4. Spielen Sie mit der Gerte. Lernen Sie den Trick, sie mit schnellen Bewegungen der Finger und des Handgelenkes so zu manipulieren, daß die Spitze mal nach hinten, mal nach vorn zeigt.

Für die erste Arbeit vom Boden aus – noch vor dem Longieren – brauchen Sie eine etwa 100 Zentimeter lange Gerte. Spielen Sie damit. Lassen Sie sie durch die Finger gleiten. Wirbeln Sie sie herum. Besonders Ihre linke Hand muß ganz vertraut damit umgehen können. Lernen Sie den Trick, sie mit einer Bewegung der Finger und des Handgelenks so zu manipulieren, daß die Spitze einmal nach hinten, einmal nach vorn zeigt. Wenn Sie die Gerte so halten, daß sie hinter Ihrem Rücken zum Boden zeigt, müssen Sie den Griff so halten, wie Sie ein Kletterseil halten würden. Mit einer Bewegung des Handgelenks und der Finger drehen Sie sie nun so, daß Sie sie wie eine Angelrute halten und die Spitze nach vorn zeigt. Es ist wie gesagt nur ein Trick, zu dem man ein wenig Übung braucht. Sie müssen aber lernen, die Gerte mit einer geschmeidigen, schnellen Bewegung umkehren zu können, sonst kommt Ihnen Ihre eigene Ungeschicklichkeit bei der Ausbildung in die Quere.

Das *Ziel der ersten Übungsfolge* besteht darin, daß das Pferd auf Befehl antritt, trabt, hält und stillsteht. Sie sagen: «Das kann mein Pferd schon.» Mag sein. Es muß aber sehr genau geschult sein, so daß es die mit der Stimme gegebenen Befehle beachtet, die Gerte respektiert, nichts vorwegnimmt und die Befehle Schritt, Trab und Halt aufmerksam, sofort und gehorsam ausführt. Und die Lektion muß so sicher sitzen, daß man später beim Longieren und bei der Arbeit vom Sattel aus darauf zurückgreifen kann.

Fangen wir also an. Doch Halt – ehe Sie wirklich anfangen, besorgen Sie sich noch ein Paar sehr kräftige, starke Lederhandschuhe, am besten eine Nummer zu groß, damit Sie immer schnell und leicht hineinschlüpfen können. Ölen Sie sie vor dem ersten Gebrauch mit einem guten Lederöl ein. Sie verlieren dann zwar ihr hübsches Aussehen, werden aber geschmeidig und auch nach Regen und Nässe nicht hart. Handschuhe sind für alle Arbeiten mit Führseilen, Stricken, Leinen und Longen unbedingt erforderlich. Pferde haben ganz ungeheure Kräfte, die sich beim bloßen Hochrucken des Kopfes, bei einem unwilligen oder ängstlichen Beiseitespringen darin äußern, daß sie dem Führenden das Seil durch die Hand reißen. Dadurch entstehen im Nu schwere, brennende Scheuerwunden. Davor kann sie nur der Handschuh schützen. Überdies verleiht er der Hand in solchen Fällen mehr Kraft.

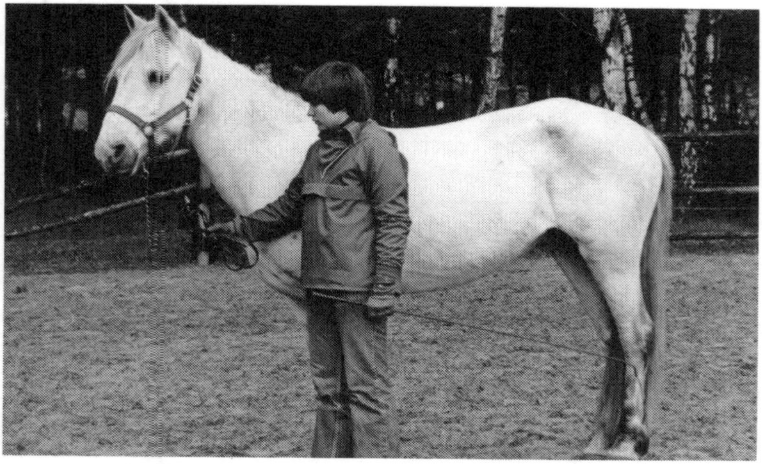

Abb. 5. Ein wohlerzogenes Pferd und eine junge Dame, die gelernt hat, ihrem Pferd angenehme Manieren und die Grundlagen der Disziplin beizubringen.

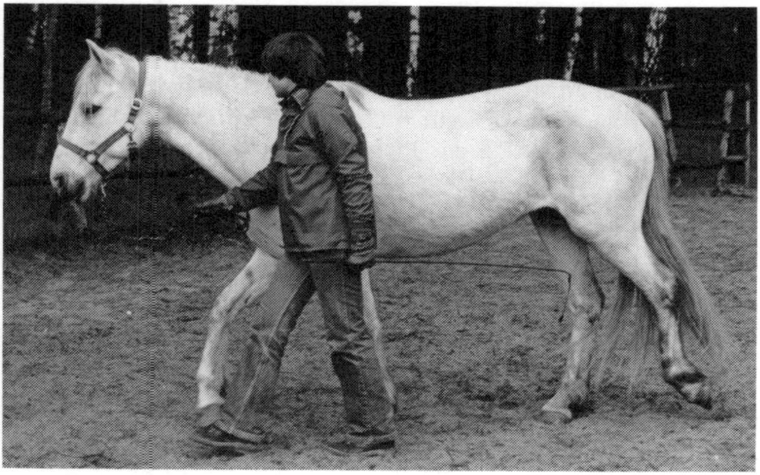

Abb. 6. Das Antreten erfolgt auf das Kommando «Komm». Der Führstrick wird etwa 40 cm unterhalb des Halfters gehalten; das Ende liegt in losen Schlaufen in der Hand.

Behandschuht also stellen Sie Ihr Pferd – mit einem gerade so eng verschnallten Halfter, daß ein Zug am Führstrick als Druck auf dem Nasenbein empfunden wird – neben einen Zaun oder ein Gebäude, am besten etwas ziemlich Langgezogenes, damit man nicht zu oft wieder umkehren muß.

Führen Sie das Pferd seitlich an die Begrenzung, und halten Sie sich etwa in Höhe seiner linken Schulter. Den Führstrick oder -zügel (der etwa einen Meter lang sein sollte) halten Sie in der rechten Hand, und zwar so, daß er in einigen größeren Schlaufen lose herunterhängt. Wenn Sie ihn zu eng aufwickeln, quetscht er Ihnen nur die Hand, wenn das Pferd plötzlich rückwärtszieht. Halten Sie das Seil etwa vierzig Zentimeter unterhalb des Halfters zwischen Daumen und Zeigefinger, und lassen Sie die Schlaufen über den Mittelfinger laufen.

Halten Sie das Seil in leicht vibrierender Bewegung, damit das Pferd auch auf Sie achtet. (Für den Anfang ist es außerdem besser, möglichst nicht in der Nähe anderer Pferde zu arbeiten.)

Lassen Sie die Gerte neben Ihrem linken Bein herunterhängen, so daß die Spitze leicht nach hinten zeigt. Sagen Sie nun in normalem Ton *«Schee-ritt!»*, tippen Sie das Pferd im gleichen Augenblick mit der Spitze der Gerte am Bauch an, etwa dort, wo eine Schenkelhilfe ansetzen würde, und gehen Sie los.

Ich kann Ihnen nicht genau sagen, wie stark dieses Antippen mit der Gerte sein muß. Es sollte nicht mit aller Kraft erfolgen, aber auch nicht so leise, daß das Pferd nur mit dem Schweif schlägt, weil es glaubt, eine Fliege verscheuchen zu müssen. Tippen Sie es richtig an, so daß es weiß, daß es einen Klaps bekommen hat.

Es könnte sein, daß Ihr Pferd nun ohne weiteres Theater antritt, aber wahrscheinlich ist das nicht. Wahrscheinlicher ist, daß das junge Pferd einen Satz nach vorn macht, wenn es die Gerte fühlt. Bleiben Sie selbst ruhig (denken Sie an das *Als-ob-Spiel)* und beruhigen Sie es nur wieder, während Sie es vorwärtsgehen lassen. Natürlich müssen Sie den Führzügel gut festhalten, damit er Ihnen nicht aus der Hand gerissen wird. Falls Sie die ganze Länge nachlassen müssen und das Pferd sich zu Ihnen umdreht, wenn Sie es bremsen, stellen Sie es wieder neben die Begrenzung, wickeln schnell den Zügel auf und gehen nach dem entsprechenden Kommando wieder weiter.

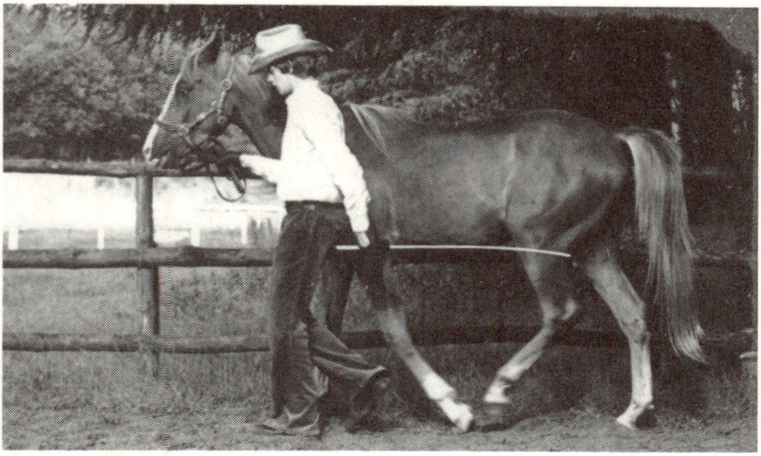

Abb. 7. Der allererste Versuch: Beim Antippen mit der Gerte stupst die rechte Hand den Pferdekopf leicht nach vorn.

Abb. 8. Sie fällt sofort zurück, wenn das Pferd willig vorwärtsgeht. Die Spitze der Gerte zeigt nun schräg nach unten und hinten.

Abb. 9. Zum Anhalten wird die Gerte nach vorn geführt und in der Hand so gedreht, daß die Spitze nach vorn zeigt.

Abb. 10. Gleichzeitig mit dem deutlich gesprochenen Befehl «Hoo!» wird sie nach oben genommen und vor die Brust des Pferdes gelegt. Die Führleine sollte dabei so wenig wie möglich angenommen werden.

Vielleicht zieht das Pferd auch zurück, wenn es die Gerte spürt. In diesem Fall lassen Sie die erste Schlaufe des Führzügels los, was sich aufgrund der Haltung von selbst ergibt; die anderen Schlaufen ziehen sich automatisch fester in Ihrer Hand zusammen, was das Pferd zum Halten bringen sollte, wenn sich der Zügel strafft. Auch hier müssen Sie das Pferd wieder richtig hinstellen. Versuchen Sie diesmal aber, zuerst loszugehen, und geben Sie das Kommando, sobald das Pferd folgt.

Ein Pferd, das zurückgeht, ist schwieriger als eines, das nach vorn springt. Wenn Ihr Pferd immer wieder zurückläuft, müssen Sie sehr vorsichtig sein, damit nicht eine Gewohnheit daraus wird. Ändern Sie den Ablauf. Fangen Sie in einer Ecke des Zauns an, so daß es nicht zurücktreten kann.

Sobald das Pferd vorwärtsgeht, kommt es darauf an, daß es nicht bummelt. Kopf und Hals sollten vor Ihnen sein, während Sie sich auf Schulterhöhe halten. Wenn es zurückfällt, wiederholen Sie *«Schee-ritt»* und tippen es wieder mit der Gerte an.

Nach etwa einem guten Dutzend energischen Tritten ist es soweit, dem Pferd das zweite Kommando beizubringen: *«Hoo!»*

Koordinieren Sie wieder Stimme und Antippen mit der Gerte. Das ist wichtig, ebenso wichtig wie der richtige Zeitpunkt. Das Pferd sollte wie gesagt *energisch* vorwärtsgehen. Lassen Sie die Gerte hinter Ihrem Rücken sinken, greifen Sie um und heben Sie sie – gehalten wie eine Angelrute – nun vor Ihrem Körper an, geben Sie dem Pferd einen fühlbaren Klaps über die Brust, sagen Sie in festem, etwas lauterem Ton *«Hoo!»*, ziehen Sie am Führzügel leicht zurück, und bleiben Sie selbst stehen. Schreien Sie nicht. Das könnte das Pferd so erschrecken, daß es sozusagen aus dem Halfter springt. Geben Sie das Kommando fest, aber nicht laut.

Wahrscheinlich bleibt das Pferd wie angewurzelt stehen. In diesem Fall geben Sie sofort nach, senken Sie die Gerte und reiben Sie ihm lobend die untere Halsseite mit den Knöcheln.

Wenn das Pferd auf die Gerte hin plötzlich rückwärtszieht, halten Sie nur mit gleichbleibendem Druck dagegen und wiederholen energisch *«Ho-hoo!»*, bis es stehenbleibt. Loben Sie es nicht, strafen Sie es aber auch nicht, sondern fangen Sie einfach noch einmal an.

Abb. 11. Die Gerte liegt richtig: quer vor der Brust und hoch genug. Die Gertenhand sollte sie freilich von oben umfassen. Hier wurde nicht oft genug geübt.

Wie ich schon betonte, ist es unwahrscheinlich, daß das Antreten und Halten gleich bei den ersten Versuchen einwandfrei ausgeführt wird. Es kann, aber es muß nicht. Klappt die Sache nicht, ist das kein Grund zur Aufregung. Genau deshalb führen wir ja diese Übungen durch. Wenn das Pferd immer alles täte, was von ihm verlangt wird, wäre eine Schulung schließlich überflüssig.

Vergessen Sie nicht, welches Ideal Sie erreichen wollen:

1. Das Pferd soll aufmerksam stillstehen.
2. Das Pferd soll auf das Kommando *«Schee-ritt»* und das Antippen mit der Gerte mit Ihnen zusammen antreten und leicht vor Ihnen gehen.

Abb. 12. Bald bleibt das gut trainierte Pferd wie angewurzelt stehen, wenn die Gerte nur angehoben wird.

Abb. 13. Man beachte die völlig gleich verlaufende Bewegung der Vorderfüße und der Beine des Führenden: Zum Schluß genügt nur noch das Wort «Hoo!» zum prompten Anhalten.

3. Das Pferd soll sich nicht nachziehen lassen (wiederholen Sie die Kommandos, wenn es doch zurückbleibt).
4. Das Pferd soll sofort stehenbleiben, wenn es durch Gerte und Stimme dazu aufgefordert wird und Sie selbst stehenbleiben.

Sobald es diese Übungen mit einiger Korrektheit ausführt, loben Sie es, indem Sie ihm mit den Knöcheln den Hals reiben.

Gehen Sie unterschiedlich lange, bevor Sie das Pferd wieder anhalten. Das Pferd nimmt sonst, wenn Sie beispielsweise immer nach fünf Schritten anhalten, das Kommando vorweg.

Zwei weitere wichtige Punkte: Machen Sie erstens keine weit ausholenden Bewegungen mit der Gerte. Das Pferd sieht recht gut nach der Seite und scheut vielleicht schon, bevor Sie es überhaupt berührt haben. Ich kann nicht oft genug wiederholen, daß Sie sich eine gewisse Handfertigkeit im Umgang mit der Gerte zulegen müssen, damit Sie sie schnell und genau, im richtigen Augenblick und an der richtigen Stelle anwenden können – und ohne überflüssige Bewegungen.

Abb. 14. Das Pferd geht auf Kommando gut vorwärts. Die Gerte wird abwärts, das heißt in neutraler Stellung gehalten, solange das Pferd energisch vorangeht. Fällt es zurück, werden sofort Gerte und Stimme eingesetzt.

Abb. 15. Konzentriertes Stehen. Der junge Mann hält dem Pferd die Gerte vor die Brust. Sowie es die Lektion begriffen hat, kann man auf den Zaun als seitlich begrenzende Stütze verzichten.

Zweitens ist auch Ihre eigene Körperhaltung wichtig und muß immer gleichbleiben. Wenn das Pferd anhält, bleiben auch Sie mit dem Gesicht nach vorn stehen. Drehen Sie sich nicht zum Pferd hin um oder von ihm weg. Sie können es ohne größere Körperbewegungen loben, wenn Sie ihm mit den Fingerknöcheln der Hand, die den Führzügel hält, die Unterseite des Halses reiben. Diese Haltung wird dann wichtig, wenn wir zum Longieren übergehen. Außerdem ist sie auch beim Vorführen in Material- oder Zuchtklassen wichtig, wie wir bald sehen werden.

Das Pferd hält also an. Bleiben Sie nun ein paar Augenblicke stehen. Beim nächsten Halt bleiben Sie eine Minute stehen, dann wieder nur ein paar Augenblicke, dann eine halbe Minute. Wenn sich das Pferd bewegt, geben Sie ihm einen kräftigen Schlag mit der Gerte, und sagen Sie wieder *«Ho-hoo!»* Vergessen Sie nicht, daß Sie Ihrem Pferd nicht nur Kommandos, sondern auch Disziplin überhaupt beibringen. Geben Sie also nicht nach. Bei *«Hoo!»* muß das Pferd anhalten und stehenbleiben.

Man kann nicht ohne weiteres sagen, wie lange es dauert, bis ein Pferd diese Kommandos beherrscht. Wenn sich Ihnen diese Frage überhaupt stellt, verraten Sie damit im Grunde genommen schon eine Art Ungeduld. Es dauert eben so lange, wie es dauert. Manche Pferde haben es nach wenigen Übungen von jeweils zehn Minuten begriffen, andere brauchen mehr Geduld.

Auf jeden Fall sollte man häufig üben und dazwischen immer wieder Pause machen. Ungefähr zehn Minuten pro Übung sind ausreichend. Noch wichtiger ist, daß Sie solange Stimme und Gerte zusammen gebrauchen, *bis Sie sicher sind,* daß das Pferd auf das Kommando allein hört. Natürlich wird die Gerte weniger oder gar nicht mehr eingesetzt, wenn das Pferd gut auf die Stimme reagiert. Wir wollen es ja nicht sauer machen.

Geben Sie aber auch keinen Pardon, wenn es nicht gehorcht. Schulen heißt, ein Verhaltensmuster aufstellen, und dieses Verhaltensmuster prägt sich dem Pferd nur ein, wenn jeder Ungehorsam sofort korrigiert wird, während Gehorsam durch Weglassen der Gerte und ein Klopfen belohnt wird. Kein Ausbildungserfolg fällt Ihnen beim erstenmal mühelos in den Schoß. Sie müssen sich dafür anstrengen und ihn Stück für Stück aufbauen.

Sagen wir nun, das Pferd tritt auf Stimme und Gerte hin willig an und bleibt sofort stehen. Vielleicht haben Sie das Gefühl, es gehe schon auf das Kommando *«Schee-ritt»* hin von allein vorwärts. Beobachten Sie aber einmal sich selbst. Höchstwahrscheinlich folgt es der Bewegung Ihres Körpers, wenn Sie losgehen, oder aber der Aufforderung der Gerte. Testen Sie sein Verhalten, indem Sie zwar *«Schee-ritt»* sagen, sich aber nicht bewegen. Wenn das Pferd wirklich dem Kommando folgt, muß es nun ein oder zwei Schritte machen (worauf Sie sofort folgen). Bewegt es sich nicht, lassen Sie unverzüglich die Aufforderung durch die Gerte folgen.

Auch beim Anhalten müssen Sie sich überzeugen, ob es nur anhält, weil Sie anhalten, oder ob es dem Kommando folgt. Sagen Sie einmal *«Ho-hoo»,* und gehen Sie selbst noch einen Schritt weiter. Wenn es dem Kommando folgt, bleibt es stehen. Wenn es das Wort noch nicht mit dem Anhalten in Verbindung gebracht hat, folgt es weiter Ihrer Bewegung. Natürlich bekommt es sofort einen Klaps mit der Gerte, und Sie sagen wieder «*Ho-hoo*». Machen Sie diese Proben und verstärken Sie notfalls Verbindung zwischen Stimme und Gerte durch kräftigeren Gebrauch der Gerte.

Eine kleine *Warnung* bezüglich des Anhaltens. Sehen Sie sich gut an, wie das Pferd anhält. Da die Aufforderung zum Anhalten viel energischer ist als die zum Antreten, lernt das Pferd dies viel schneller als das Kommando zum Vorwärtsgehen. Lassen Sie also die Gertenhilfe weg, sobald es das Kommando zum Anhalten begriffen hat. Wenn Sie ein Halbdutzendmal mit Gerte angehalten haben, versuchen Sie es einmal ohne (falls Sie nicht merken, daß es gerade überhaupt nicht aufpaßt). Gehorcht es der Stimme – sehr schön. Nehmen Sie jedes dritte oder vierte Mal aber trotzdem wieder die Gerte, damit es das Kommando auch ganz bestimmt nicht vergißt.

Sie haben Ihr Pferd also jetzt im Antreten und im Halten bearbeitet. Sie wissen, wie Sie die Probe darauf machen können, ob das Pferd das entsprechende Kommando gelernt hat. Angenommen, es hat die Kommandos begriffen und gehorcht sowohl der Stimme als auch der Bewegung Ihres Körpers, es geht frei vorwärts und hält sofort an, dann können wir einen Schritt weitergehen.

Sie haben angehalten und stehen nun neben dem Pferd. Wechseln Sie nun möglichst schnell und unaufwendig den Führzügel in die linke und die Gerte in die rechte Hand; halten Sie sie wie ein Seil waagrecht etwa in Hüfthöhe vor sich hin.

Drehen Sie sich zum Pferd hin um, und treten Sie einen Schritt zurück, so daß Sie ihm genau gegenüberstehen, und sagen Sie dabei mehrmals «*Ho-hoo!*». Wenn das Pferd Ihnen zu folgen versucht und sich bewegt, korrigieren Sie es sofort und wiederholen «*Ho-hoo*». Sie halten die Gerte schon so, daß Sie damit sofort korrigieren können.

Damit bringen Sie dem Pferd bei, stehenzubleiben, *wann immer Sie es ansehen, ganz gleich, ob Sie stehen oder sich bewegen.* (Haben Sie schon einmal Zucht- und Materialprüfungen gesehen, bei denen die Pferde herumspringen, soweit der Führzügel es nur zuläßt?)

Wenn Sie Ihre vorige Position wieder einnehmen wollen, gehen Sie einfach nach vorn bis zur Höhe der Pferdeschulter, wechseln

Abb. 16. Vergrößern Sie allmählich die Entfernung zwischen sich und dem Pferd, bis sie die ganze Länge des Führzügels zwischen sich haben, ohne daß sich das Pferd bewegt.

Sie wieder Zügel- und Gertenhand und drehen Sie sich wieder so um, daß Sie in die gleiche Richtung schauen wie das Pferd, bereit zum Vorwärtsgehen.

Üben Sie das, und wenn das Pferd gehorsam bleibt, vergrößern Sie die Entfernung zwischen sich und dem Pferd, bis Sie die ganze Länge des Führzügels zwischen sich haben, ohne daß das Pferd sich bewegt.

Sobald das Pferd sicher stehenbleibt, können Sie ihm beibringen, auf ein bestimmtes Kommando hin auch herzukommen. Drehen Sie ihm den Rücken zu, sagen Sie über die Schulter «*Komm!*» oder «*Hierher!*», und ziehen Sie es am Führzügel zu sich her. Machen Sie ihm Mut, herzukommen, und bringen Sie es zum Stehen, wenn Sie etwa auf seiner Schulterhöhe sind.

Meist begreift ein Pferd diese Übungen sehr schnell. Vergessen Sie aber nicht: *Gehen Sie nie zum nächsten Schritt in der Ausbildung über, bevor der letzte sitzt.* Seien Sie sicher, daß es nur zu

Verwirrung führt, wenn Sie weiterzugehen versuchen, ohne daß das Pferd den ersten Schritt verstanden hat. Zudem bleibt die Ausbildung in beiden Schritten erfolglos; einziges Ergebnis sind mit einiger Gewißheit nur verdoppelte Schwierigkeiten.

Wenn das Pferd gelernt hat, so weit entfernt von Ihnen stehen zu bleiben, wie die Länge des Führzügels es erlaubt (wenn diese Übung richtig sitzt, können Sie das Pferd auch an einer Longe zum Stillstand bringen), und wenn es herkommt, wenn Sie ihm den Rücken drehen und *«Hierher!»* sagen, üben Sie die gleichen Bewegungen ohne den Zaun oder die Mauer, die Ihnen bisher als Begrenzung diente.

Außerdem wollen Sie nun in der Lage sein, auf die rechte oder linke Seite des stillstehenden Pferdes zu gehen. Das ist nicht schwer.

Stellen Sie sich dem Pferd in einiger Entfernung gegenüber, gehen Sie ein paar Schritte nach rechts, zur Mitte zurück und dann ein paar Schritte nach links. Seien Sie darauf gefaßt, daß das Pferd Ihnen zu folgen versucht und Sie es korrigieren müssen. Nach kurzem Üben verlängern Sie den Weg nach rechts und links, bis Sie sich auf beiden Seiten auf ungefähr 45 Grad entfernen können. Wiederholen Sie das Ganze dann mit einem längeren Führzügel.

Eines muß das Pferd nun noch lernen: das Traben neben einem Menschen her. Auch das ist nicht schwer, wenn die Vorbereitung richtig war.

Gehen Sie mit dem Pferd den Zaun entlang, und zwar in lebhaftem Schritt. Tippen Sie das Pferd nun mehrmals mit der Gerte an, gehen Sie immer schneller, kommandieren Sie in singendem Tonfall *«Tee-rab!»* und beginnen Sie selbst gleichmäßig zu laufen. Diese ganze Bewegung ist meist aufregend genug für das Pferd, und ein bißchen mehr Aufmunterung durch Stimme und Gerte genügen schon, um es in Trab zu bringen.

Angehalten wird aus dem Trab nach dem gleichen Verfahren wie aus dem Schritt. Passen Sie beim Traben aber immer auf, daß das Pferd das Halten nicht vorwegnimmt, und ändern Sie immer wieder die Anzahl der Trabtritte. Täuschen Sie das Pferd gelegentlich mit Absicht. Traben Sie nur zwei oder drei Tritte und kommandieren Sie dann Halt. Dann sechs oder acht Tritte, dann wieder nur fünf usw.

Abb. 17. Hat das Pferd die Arbeit im Schritt gut verstanden, ist auch ein flotter Trab nicht schwer zu erreichen. Beachten Sie, daß das Pferd sich nicht ziehen läßt. Daher auch die neutrale Haltung der Gerte.

Sobald das Pferd schnell und willig reagiert, haben Sie ein in den Grunddisziplinen ausgebildetes Pferd. Es geht auf Kommando Schritt und Trab, bleibt stehen und kommt her. Es folgt Stimmkommandos ebenso wie Körperbewegungen.

Gleichzeitig haben Sie viel über das Verhalten von Pferden gelernt und verstehen die Technik des durch Strafe Überzeugens besser. Daraus entwickeln sich *Gefühl* und Beziehung zum Pferd, und das wiederum verleiht Ihnen erhöhtes Selbstvertrauen.

Bei Materialprüfungen gibt Ihnen das einen praktischen Vorteil. Mit einem *geschulten* Pferd können Sie immer ein paar Punkte für sich verbuchen, wenn es gegen so unausgebildete Konkurrenz antritt, wie man sie leider oft bei solchen Prüfungen antrifft. Da tritt der Richter zum Beispiel zu einem Teilnehmer, der am Kopf seines Pferdes steht und den Zügel knapp unterhalb des Halfters umklammert hält. Das Pferd schläft entweder halb oder treibt Unfug. Der Richter betrachtet sich das Pferd von vorn, und der oder die Vorführende bewegen sich kaum von der Stelle, um den Blick auf das Pferd freizugeben. Oder er oder sie stehen neben dem Pferd und versperren dem Richter hier die Sicht. Am liebsten würde der Richter sagen – und manche sagen es auch –: «Ich kann Ihr Pferd nicht beurteilen, wenn Sie mir immer die Sicht versperren.»

Mit einem geschulten Pferd aber können Sie vorn oder seitlich stehen, ohne den Richter je zu behindern. Sie können es außerdem zur Aufmerksamkeit ermuntern, wenn der Richter in Ihre Nähe kommt, ohne daß es sich deswegen von der Stelle bewegt.

Sie haben einen weiteren Vorteil, wenn der Richter Sie auffordert, das Pferd vorzutraben. Sicher haben Sie auch schon gesehen, daß der Vorführende dann vom Fleck weg antrabt und das Pferd, völlig überrascht, entweder zurückzieht oder nur im Schritt folgt, so daß der Vorführende es hinter sich herziehen muß. Sie aber gehen zwei Schritte, sagen *«Tee-rab!»* und traben gleichzeitig mit dem Pferd an. Auch wenn Sie in Ihrer Kategorie nicht gewinnen, wird Ihr Geschick im Umgang mit dem Pferd dem Richter angenehm auffallen.

Üben Sie diese elementaren Lektionen an möglichst vielen Pferden. Sie werden sicher oft die Pferde von Freunden und Bekannten arbeiten dürfen, wenn Sie gezeigt haben, daß Sie deren Disziplin und Ausbildungsstand verbessern können. Je mehr Pferde, desto mehr Erfahrungen.

6 Bodentraining II

Was Sie dem Pferd auf der elementaren Stufe des Bodentrainings beigebracht haben, dient als Grundlage für die Ausbildung an der Longe. Für etwaige Fehler bei der Vorbereitung wird das Pferd Ihnen auf dieser zweiten Stufe die Quittung präsentieren. War Ihre Vorbereitung unzulänglich und fehlerhaft, wird es unsicher sein, vielleicht sogar ängstlich, und es wird nicht in der Lage sein, an der Longe richtig zu reagieren. Es ähnelt einem Kind, das in die dritte Klasse eingeschult wird, ohne je die erste und zweite Klasse besucht zu haben. Sie können sich die Nachteile vorstellen. Das gleiche gilt auch für die Schulung eines Pferdes und führt zu einer Binsenwahrheit, die trotzdem immer wieder wiederholt werden muß: *Gehen Sie bei der Ausbildung eines Pferdes nie zur nächsten Lektion über, ehe die erste nicht sicher begriffen wurde.* Rückschläge sind sonst unvermeidlich.

Wenn Sie bei der vorbereitenden Arbeit alles richtig gemacht haben, geht die weitere Schulung viel leichter und im Endeffekt auch schneller vonstatten.

Da Sie sich mit der Grundschulung Zeit gelassen haben, hat Ihr Pferd vermittels der Technik des Überzeugens durch Strafe gelernt, was Sie von ihm erwarten. Gefördert wird dieser Schulungsprozess durch Belohnungen in Form von freundlichem Klopfen, lobenden Worten oder Veränderungen der Übungsroutine. Eine Kombination dieser Mittel ergibt ein diszipliniertes Pferd, das bereitwillig mitarbeitet. Voraussetzung ist allerdings, daß Sie konsequent bleiben.

Wir kommen nun zur zweiten Stufe des Bodentrainings – dem Longieren. Vergessen Sie bitte, was Sie in neunzig Prozent aller Fälle als Longieren zu sehen bekommen: ein Pferd, das – meist in vollem Tempo – im Kreis herumrennt und nur dadurch einigermaßen unter Kontrolle gehalten wird, daß der Longenhalter sich mit seinem ganzen Gewicht dagegenstemmt.

Korrektes Longieren ist beinahe eine vergessene Kunst, sozusagen ein Opfer der modernen Zeit, in der es immer nur auf schnelle Ergebnisse ankommt. Das ist sehr schade, denn korrektes Longieren kann eine wundervolle Harmonie zwischen Mensch und Tier zum Ausdruck bringen, eine befriedigende Erfahrung gegenseitigen Vertrauens und Verstehens.

Es ist ein Vergnügen, bei richtiger Longenarbeit zuzuschauen. Noch größer ist das Vergnügen, wenn Sie selbst das Ende der Longe halten und das Pferd in allen Gangarten leicht, gehorsam und ohne Kampf Ihre Kommandos befolgt. Diese Empfindung birgt viel von dem *Gefühl* und der *Beziehung* in sich, die zwischen Ihnen und dem Pferd entstehen soll.

Aber auch die praktischen Aspekte sind nicht zu verachten. Durch das Longieren lassen sich Disziplin und Gang des Pferdes besonders gut verbessern. An der Longe findet das Pferd leichter seinen Takt und sein Gleichgewicht. Entschuldigen Sie, wenn die Begeisterung mit mir durchgeht, aber ich möchte Ihnen vor Augen führen, welche Möglichkeiten das Longieren birgt und Ihnen auf diese Weise – hoffentlich – den Geschmack an halben Anstrengungen und halben Ergebnissen verderben.

Gleichzeitig möchte ich Sie aber auch darauf hinweisen, daß Sie natürlich wesentlich weniger Einwirkung auf das Pferd haben, wenn Sie soviel weiter, etwa acht bis zehn Meter, vom Pferd entfernt stehen. Deshalb muß beim Longieren *jede Stufe erst sicher verankert sein, bevor man die nächste Stufe in Angriff nimmt.* Und genauso, wie der geschickte Umgang mit der Gerte eine Voraussetzung für die Ausbildung am Halfter war, müßen Sie nun mit der Longierpeitsche umgehen lernen. Spielen Sie damit. Werfen Sie die Peitschenschnur aus und holen Sie sie wieder herein, ohne sich darin zu verwickeln. Lernen Sie, mit der Peitsche zu knallen. Wenn Sie es fertigbringen, das Pferd gerade mit dem Ende der Peitschenschnur zu berühren, dürfen Sie mit sich zufrieden sein.

Was kann ein Pferd an der Longe lernen? Die Grundgangarten natürlich. Wichtiger aber ist, daß man an der Longe das Tempo regulieren und das Zulegen üben kann (was nicht mit übereiltem Gehen zu verwechseln ist), das Versammeln und das Wechseln durch den Zirkel. Das Pferd wird geschmeidiger und bekommt mehr Luft. Gehorsam wird ihm zur zweiten Natur Es versteht Sie und das Ziel der Ausbildung besser, und Ihr Wahrnehmungsvermögen für alles, was Pferde und deren Ausbildung betrifft, wird geschärft.

Ich will ehrlich sein. Vieles, was ich beim Longieren bewundere, ist in der Tat ein Selbstzweck. Man braucht ein Pferd zur fortgeschrittenen Arbeit nicht an die Longe zu nehmen, aber ich genieße fortgeschrittene Arbeit an der Longe, weil ich sie als Herausforderung empfinde, – die Herausforderung nämlich, nur durch ein Stück Longe mit einem Pferd verbunden zu sein und ihm mit der Stimme und der Haltung von Körper und Peitsche mitteilen zu können, was es tun soll. Genau genommen stelle ich mich selbst auf die Probe. Es hat zwar Pferde gegeben, die nicht so reagierten, wie ich es mir gewünscht hatte (was mich stark in meiner Selbstachtung traf), andere aber gingen so wunderbar auf alles ein, daß ich sie voll Stolz vorführte.

Ich will mich hier auch gar nicht über die Technik der fortgeschrittenen Longenarbeit verbreiten. Für die persönliche Beziehung zwischen Ihnen und Ihrem Pferd spielt so vieles eine Rolle, daß meine Anweisungen nicht ausreichend wären. Sie ist verkörperte Harmonie, aber keineswegs unerreichbar, wenn Sie nur die Grundlagen vervollkommnen.

Für die ersten Übungen begnügen wir uns mit einem Halfter, einer Reitgerte oder einer Fahrpeitsche ohne Schnur und einem besonders langen Führzügel. Sie könnten auch mit einer normalen Longe beginnen und die (großen!) Schlaufen lose herunterhängen lassen, aber das könnte ein wenig mühsam sein, weil wir zu Anfang sehr dicht am Pferd arbeiten.

Zuerst gilt es, das Pferd dazuzubringen, daß es im Abstand von zwei Metern im Kreis um Sie herumgeht. Ein kleiner umzäunter Platz ist praktisch, aber wenn Sie keinen haben, muß es auch einfacher gehen. Eine Zaunecke tut gute Dienste notfalls genügt aber auch ein freier Platz.

Am wichtigsten ist, daß das Pferd während der ersten Übungen ruhig ist. Fangen Sie also nicht mit dem Longieren an, wenn das Pferd drei Tage nicht aus dem Stall gekommen und voller Bewegungsdrang ist. Ober wenn andere Pferde in der Nähe sind, die die Aufmerksamkeit des Pferdes von Ihnen ablenken.

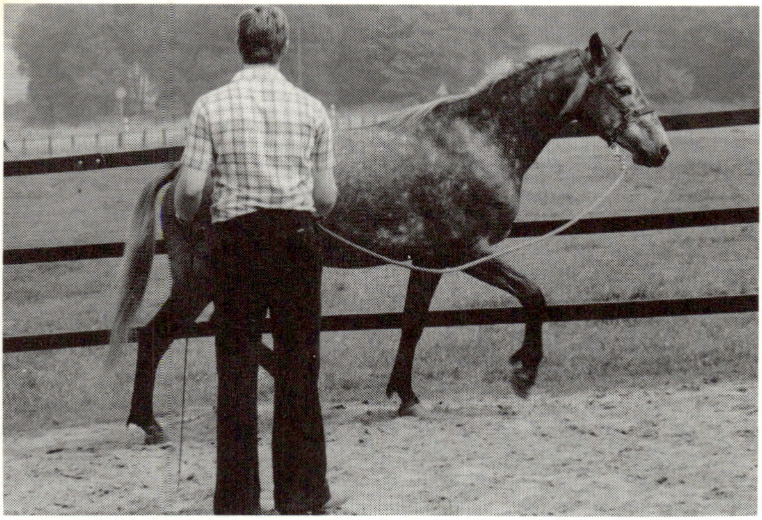

Abb. 18. Sie fangen die Longenarbeit auf der rechten Hand und dicht am Zaun an. Auf das Kommando «Scheeritt» hin tritt das Pferd an. Die Gerte treibt ein wenig von hinten an; das Pferd lauscht den Anweisungen sehr aufmerksam.

Unaufmerksam wird es auch sein, wenn Sie es wegholen, bevor es gefressen hat, besonders wenn seine Stallgefährten gerade gefüttert werden. Das sind Kleinigkeiten, aber nur insofern, als man sie leicht übersieht. Sie können (ganz unabhängig von der Art der Ausbildung) mächtige Schranken zwischen Ihnen und dem Pferd errichten. Ein ruhiges Pferd und möglichst wenig Ablenkung sind also wichtige Voraussetzungen.

Wenn Sie den geeigneten Platz gefunden haben, stellen Sie das Pferd so, daß es links vom Zaun oder der Begrenzung steht. Wir fangen mit der Arbeit auf der linken Hand an, gegen den Uhrzeigersinn, weil das im allgemeinen für das Pferd die leichtere Seite ist. Und da es die Kommandos zum Antreten und Stillstehen schon kennt, sollte es Ihnen nicht allzu schwer fallen, sich etwa drei Meter von seiner Schulter entfernt aufzustellen.

Sie erinnern sich sicher daran, daß ich im letzten Kapitel betonte, wie wichtig Ihre eigene Körperhaltung für das Pferd ist. Beim Longieren müssen Sie noch sorgfältiger auf Ihre Haltung achten, und ich wiederhole, daß das Pferd Ihre jeweilige Haltung in sich aufnimmt und sie schnell mit seinen Bewegungen an der Longe in Verbindung bringt. Sie müssen sich also Ihrer Bewegungen bewußt sein und unkontrollierte Bewegungen vermeiden.

Eine neutrale Haltung liegt auf einer Linie zwischen der Pferdeschulter und Ihnen. Das Körperkommando zum Vorwärtsgehen ist ein Schritt in Richtung auf die Flanke des Pferdes. Zum Anhalten tritt man so vor, daß man sich in einer Linie mit dem Pferdeauge befindet. Für den Handwechsel durch den Zirkel schließlich müssen Sie vor ihm vorbeigehen. Wenn Sie diese Kommandos im Schritt richtig üben, werden Sie feststellen, daß das Pferd im Trab und Galopp fast automatisch reagiert.

Kehren wir nun zurück zu unserem Pferd, das links neben einem Zaun oder einer Mauer steht, während Sie etwa drei Meter entfernt auf der Höhe seiner Schulter stehen. Gehen Sie etwa zwei Schritte in Richtung auf seine Flanke, sagen Sie in normalem Ton *«Schee-ritt!»* und zeigen Sie mit der Peitsche auf seine Hinterhand.

Ich wollte, ich könnte sagen, nun müsse Ihr Pferd richtig antreten. Vielleicht klappt es. Vielleicht – wahrscheinlicher – müssen Sie es mit der Peitsche antippen und noch einen oder zwei Schritte auf es zu machen. Gut möglich, daß das Pferd sich zu Ihnen herumdreht. Dann muß sich die Peitsche rasch auf seine Nase richten, um es gerade zu halten. Das bringt das Pferd vielleicht zum Stehenbleiben, so daß Sie wieder auf seine Hinterhand zugehen müssen.

Das heißt, Sie bedürfen möglicherweise der Leichtfüßigkeit eines Tänzers; es heißt aber nicht, daß Sie wie ein geölter Blitz vor- und zurücksausen. Das würde das Pferd nur aufregen und durcheinanderbringen. *Lassen Sie Ihr Gefühl walten.* Die Hauptsache ist, das Pferd setzt sich in Bewegung. Halten Sie es dann mit der Stimme zum weiteren Vorwärtsgehen an, und stellen Sie sich immer so, daß Sie auf den Pferderumpf sehen. Bleiben Sie vor allem ruhig, und geben Sie Ihre Kommandos mit der gleichen Stimme oder dem gleichen Tonfall, den das Pferd von der Ausbildung am Halfter her kennt.

Abb. 19. Lassen Sie das Pferd um sich herumgehen, bis es anfängt zu verstehen, was Sie von ihm wollen. Achten Sie genau auf Ihre Körper- und Gertenhaltung.

Lassen Sie das Pferd solange um sich herumgehen, bis es anfängt zu verstehen, was von ihm erwartet wird. Achten Sie auf Ihre Körper- und Peitschenhaltung. Wenn Sie das Pferd anhalten wollen, warten Sie, bis es wieder parallel zum Zaun geht, gehen Sie bis auf Augenhöhe vorwärts, und sagen Sie *«Ho-hoo!»* Halten Sie ihm gleichzeitig die ausgestreckte Peitsche quer vor die Brust. Lassen Sie es einen Augenblick stehen, gehen Sie dann zu ihm, und klopfen Sie es.

Wenn man immer neben einer Begrenzung anhält, bleibt das Pferd nicht nur besser unter Kontrolle, es lernt auch, auf gerader Linie anzuhalten. Einmal daran gewöhnt, wird es nicht so leicht in den Zirkel hereinlaufen und sich Ihnen zuwenden, wie es andere Pferde gern tun.

Sie werden bemerkt haben, daß Sie bereits gesicherte Kommandos zusammen mit neueren verwendet haben. Auch das Pferd wird diese neuen Kommandos bemerkt haben und sie mit neuen Reaktionen in Zusammenhang bringen. Es kann diese neuen Reaktionen aber nur aufnehmen, weil es zuvor am Halfter die grundlegenden Lektionen gelernt hat.

Vielleicht liegt Ihnen aber auch ein anderer Weg besser. Sie können das Pferd im Schritt führen, wie Sie es zu Anfang der Ausbildung taten. Nehmen Sie nun den Führzügel in die linke Hand, sagen Sie weiter *«Schee-ritt!»*, tippen Sie das Pferd mit der Gerte leicht an den Flanken an und treten Sie allmählich zurück, so daß das Pferd auf einen Kreisbogen gelenkt wird. Wenn es Ihnen fließend, ohne Stockung, gelingt, können Sie die Longenarbeit auf diese Art beginnen. Mir ist der erste Weg lieber, und ich habe damit auch mehr Erfolg gehabt, aber jeder muß seinen eigenen Weg finden.

Es kann auch sein, daß am Anfang alles schiefgeht, doch wenn Sie konsequent bleiben, begreift das Pferd allmählich, was Sie von ihm wollen. Vielleicht müssen Sie es immer wieder neben die Begrenzung stellen und von vorn anfangen, weil das Pferd sich immer wieder in den Zirkel hereindreht. Und vielleicht kommen Sie auch nicht um einen Gertenschlag gegen die Schulter herum, wenn Sie das Gefühl haben, daß dieses Umwenden zu einer Gewohnheit wird. Aber verlieren Sie nicht die Beherrschung. Ruhe und Wiederholung werden Sie zum Ziel führen.

Gut. Jetzt bewegt sich Ihr Pferd also auf einem kleinen Zirkel und bleibt auf Kommando stehen. Wenn Antreten und Halten fünfmal korrekt ausgeführt werden und das Pferd dazwischen zwei oder drei Zirkelrunden einwandfrei geht, hat es begriffen, worum es geht.

Als nächstes muß es das Ganze auf einer anderen Hand ausführen lernen. Sie fangen genauso an wie zuvor, nur daß das Pferd nun mit der rechten Seite an der Begrenzung steht. Seien Sie aber darauf gefaßt, daß es sich auf dieser Hand ein wenig steif und zögernd bewegt. Wie schon gesagt, ist dem Pferd die Arbeit auf der rechten Hand etwas unangenehm. Das ist unser eigener Fehler, denn wir arbeiten die Pferde von links und neigen dazu, Ihnen einen Linksdrall anzugewöhnen. Wenn Sie daran denken, wie ungeschickt Sie sich anstellen, wenn Sie mit Ihrer «linken» (das heißt: ungewohnten) Hand werfen oder schreiben sollen, verste-

Abb. 20. Wenn das Pferd gelernt hat, im Schritt an der Longe im Kreis zu gehen, lernt es auch das Halten auf Kommando. Im Bild der Augenblick, in dem der Longenführer auf das Pferd zugeht und «Haalt» sagt.

Abb. 21. Hat das Pferd begriffen, daß es an der Longe im Kreis gehen soll, übt man dasselbe ohne den begrenzenden Zaun. Am Ohrenspiel ist zu erkennen, daß das Pferd die neue Übung noch nicht ganz begriffen hat.

hen Sie auch, warum ein Pferd so ungern auf der rechten Hand geht. (Übrigens ein guter Grund, ein Pferd auch einmal von rechts zu führen und dieser Seite ebenso viel Aufmerksamkeit zu widmen wie der linken.)

Sobald das Pferd sich auf beiden Händen arbeiten läßt – und wahrscheinlich sollten Sie es eher auf der rechten Hand arbeiten, damit es mehr Geschmeidigkeit entwickelt –, versuchen Sie es dazuzubringen, daß es einen größeren Kreis beschreibt. Wenn Sie soweit sind, vertauschen Sie den Führzügel mit der Longe und fangen an, das Pferd in der Mitte der Bahn oder des Platzes zu arbeiten.

Tritt das Pferd nun an, lassen Sie einige Schlingen der Longe aus der Hand gleiten und gehen etwas zurück, damit sich die Longe wieder strafft. Halten Sie das Pferd dabei ständig mit *«Schee-ritt!»* zum Vorwärtsgehen an. Es wird sich fragen, was das soll, und versuchen, stehenzubleiben oder zu Ihnen hereinzukommen. Durch die ständige Wiederholung des Kommandos *«Schee-ritt!»* bleibt seine Aufmerksamkeit jedoch auf Vorwärtsgehen gerichtet (an zwei Dinge auf einmal kann es nicht denken).

Es kann aber sein, daß Sie auf das Pferd zugehen und die Peitschenschnur in Richtung auf seine Nase tanzen lassen müssen, falls es hereinkommt, oder daß Sie die Peitsche in Richtung Pferdebauch bewegen müssen, um die Vorwärtsbewegung zu erhalten. Die Schnur braucht das Pferd gar nicht unbedingt zu berühren; oft genügt es, daß es sie sieht. Auch hier gilt: Sie müssen selbst spüren, was in der jeweiligen Situation zu tun ist. Vielleicht müssen Sie das Pferd leicht mit der Schnur kitzeln, vielleicht ist sogar ein deutlicher Schlag erforderlich.

Achten Sie auch von Anfang an darauf, daß die Longe *leicht gespannt* ist; nicht so viel, daß dem Pferd der Kopf herumgezogen wird, aber doch so viel, daß die Longe nur ganz leicht durchhängt. Das Pferd soll sich daran gewöhnen, eine leichte Anlehnung, einen leichten Druck, zu suchen. Dadurch weiß es auch, wie weit es an der Longe nach außen gehen soll. Mit fortschreitender Arbeit werden Sie feststellen, daß Sie nicht mehr zurückzutreten brauchen, um eine durchhängende Longe zu straffen, sondern das Pferd den Zirkel weiter ausgeht, bis es wieder die gewohnte Anlehnung an die Longe findet. Machen Sie sich darum aber nicht

Abb. 22. Achten Sie von Anfang an darauf, daß die Longe leicht gespannt ist – gerade soviel, daß sie nur noch ganz eben durchhängt.

Abb. 23. Im Verlaufe der Ausbildung werden Führleine und Gerte durch Longe und Longierpeitsche ersetzt. Achtung: Arbeiten Sie niemals ohne Handschuhe mit der Longe! (Der Sattel wurde hier probeweise einmal aufgelegt, um die Reaktion zu testen.)

zuviele Gedanken; vermutlich sucht das Pferd von allein eine gewisse Anlehnung an der Longe, wenn Sie versuchen, den Zirkel zu erweitern.

Ein paar weitere Punkte, an die Sie denken sollten:

1. Longieren Sie nie ohne Handschuhe. Es wird immer einmal vorkommen, daß das Pferd vor Schreck oder Übermut wild davonschießt. Ohne Handschuhe verbrennt Ihnen die durchgleitende Longe regelrecht die Finger. Sie wissen so gut wie ich, daß es nicht ganz einfach ist, ein Pferd zu halten, das sich zum Davonlaufen entschlossen hat.
2. Achten Sie auf die Schlaufen der Longe. Lernen Sie, sie in großen Schlaufen über dem Zeigefinger aufgewickelt zu tragen. Wenn das Pferd plötzlich losschießt, gleiten Ihnen nur ein paar der Schlaufen aus der Hand, bevor Sie es wieder einfangen können. Wenn Sie sich die Longe aber eng um die Hand wickeln, hat sie den Effekt eines Lassos – nur daß das Pferd *Sie* damit fängt. Die Schlaufen ziehen sich um die Hand zusammen und quetschen sie, ganz zu schweigen von der Gefahr, mitgeschleift zu werden.
3. Bleiben Sie ruhig, wenn das Pferd plötzlich wie eine Rakete losschießt. In diesem Stadium nützt es nichts, wenn Sie dauernd *«Ho-hoo!»* schreien; es wird Sie kaum hören. Reden Sie in normalen Ton mit ihm, während Sie die Longe einholen und den Zirkel allmählich verkleinern, bis das Pferd schließlich mit einem Ruck bremst. Gönnen Sie ihm ein paar Minuten Pause, damit es sich beruhigen kann. Dann fangen Sie wieder an.
4. Achten Sie darauf, wie Sie die Peitsche halten. Wenn sich das Pferd auf dem vorgeschriebenen Zirkel bewegt, zeigt die Peitsche nach unten. Sie wird nur angehoben, um ein Kommando zu unterstreichen oder es zum Vorwärtsgehen zu ermuntern. Denken Sie daran, *daß das Pferd die ganze Zeit weiß, wohin die Peitsche zeigt, auch wenn Sie es nicht wissen.* Und wenn Sie achtlos damit herumwippen, konzentriert es sich nicht auf das, was Sie ihm beizubringen versuchen.
5. Selbst der beste Ausbilder ist nicht dagegen gefeit, daß die Longe dem Pferd einmal zwischen die Beine gerät – weil es ausgekeilt oder am Boden geschnuppert hat und darübergetreten ist. Geben Sie sofort mit der Longe nach und sagen Sie

(bitte in ruhigem Ton!) *«Ho-hoo!»* Hält es an, ist alles gut. Manche Pferde geraten allerdings sofort in Panik, wenn sie spüren, daß sich ihnen die Longe um die Beine wickelt. Wenn Sie nicht loslassen, bleibt es vielleicht irgendwann stehen. Manche gehen jedoch mit solch einer Geschwindigkeit und Kraft los, daß einem die Longe aus der Hand gerissen wird, und weg sind sie! Entweder bleiben sie irgendwann von selbst stehen, oder die Longe reißt, oder sie stolpern darüber oder machen sich auf sonstige Weise davon frei.

Das läßt sich weitgehend vermeiden, wenn man zwei schon erwähnte Punkte beachtet: Lassen Sie die Longe nicht durchhängen. Denken Sie daran, daß das Pferd in Sekundenschnelle darübertreten kann. Und beginnen Sie nicht mit der Arbeit im Trab und im Galopp, bevor das Pferd nicht ganz sicher im Schritt geht. Das ist nicht nur im Sinn der Ausbildung, es ist auch in Ihrem Sinne, bis Sie mit Longe und Longierpeitsche umgehen und die richtige Haltung an der Longe einnehmen können.

Wenn Sie sich dessen sicher sind, daß das Pferd auf beiden Händen in einem Radius von mindestens sechs oder sieben Meter sicher auf dem Zirkel bleibt und auf Befehl anhält (möglichst auf der

Abb. 24. Das Kommando «Tee-rab» ist bekannt. Das Pferd sollte daraufhin – und vielleicht nach einer aufmunternden Berührung mit dem Peitschenende am Rumpf – auf dem Zirkel antraben.

Zirkellinie, ohne sich nach innen zu drehen, aber im andern Fall können Sie im Augenblick auch nicht viel daran ändern), ist es Zeit, mit der Trabarbeit zu beginnen.

Das Kommando *«Tee-rab!»* ist schon bekannt. Sie brauchen das Pferd also nur noch etwa drei Meter an der Longe herauszulassen, ihm das Kommando zu geben und es mit der Peitschenschnur am Rumpf zu berühren. Wie stark diese Berührung ausfallen muß, hängt vom Pferd ab. Nur Sie kennen es gut genug, um zu wissen, wieviel Aufmunterung es braucht. Es sollte aber nicht allzu schwierig sein, das Pferd zum Antraben zu bringen. Lassen Sie es einige Runden im Trab gehen, ohne es zur Eile anzutreiben; ein schöner, ruhiger Trab ist genug. Dann zupfen Sie ein paarmal leicht an der Longe und geben ihm das Kommando *«Schee-ritt!»* Manche Pferde reagieren sofort und fallen in Schritt. Bei anderen muß man erst die Longe einholen und den Zirkel verkleinern, wobei man ständig *«Schee-ritt»* wiederholt. Wenn es in Schritt fällt (es darf nicht stehenbleiben), lassen Sie es ein paar Meter Schritt gehen; halten Sie es dann an, und loben Sie es. Prägen Sie ihm diesen Ablauf solange ein, bis das Pferd vom Schritt zum Trab und vom Trab zum Schritt übergeht, ohne daß Sie die Longe zu verkürzen brauchen. Vergessen Sie nicht, die Longe vor einem Kommando zum Verlangsamen in leichte Schwingungen zu versetzen. Das weckt die Aufmerksamkeit des Pferdes, noch bevor es das Kommando hört. Mit genügend Übung und Ausdauer lernt ein Pferd zwar auch, nur der Stimme zu gehorchen, aber ich möchte Sie mit diesem Buch auch auf die «kleinen Wege» hinweisen, mit deren Hilfe man sich mit dem Pferd verständigen kann – Stimme, Körperhaltung, körperliche Berührung –, und Ihnen zeigen, wie genau das Pferd beobachtet und die von Ihnen ausgehenden Botschaften interpretiert.

Hat das Pferd erst einmal den mechanischen Teil der Longenarbeit begriffen, müssen Sie es dazu bringen, im Schritt und Trab seine Tritte zu verlängern. Denken Sie daran, daß jede Übung, die Geschmeidigkeit und das Gleichgewicht verbessern soll, eine Anstrengung erfordert, die über das normale Tempo des Pferdes hinausgeht. Wenn Sie sicher sind, daß das Pferd im Schritt und im Trab auf beiden Händen auf dem von Ihnen gewünschten Zirkel (mit einem Radius zwischen sechs und zehn Meter) bleibt und Ihre

Kommandos befolgt, können Sie dazu übergehen, an den Gängen zu arbeiten.

Fangen Sie mit dem Schritt an. Lassen Sie das Pferd in seinem normalen Tempo im Schritt in etwa drei Meter Entfernung um sich herumgehen. Dann ermuntern Sie es zum Zulegen, indem Sie die Peitschenschnur an seinem Hinterbein vorbei oder auch – je nach Erfolg – ans Bein heranschwingen lassen und wiederholt *«Schee-ritt!»* sagen. Ich sage ausdrücklich *«ermuntern»*, denn viel mehr können Sie nicht tun. Vielleicht trabt das Pferd an; dann müssen Sie es erst wieder in Schritt bringen und es sofort mit Stimme und Peitsche erneut zum Verlängern der Tritte auffordern. Wenn Sie dazu Ihren Körper noch etwas mehr in Richtung auf seine Hinterhand ausrichten, wirkt das zusätzlich als vortreibende Hilfe.

Gehen Sie im Trab genauso vor, lassen Sie die Longe aber hierzu mehr nach, weil das Pferd im Trab einen größeren Wendekreis braucht.

Verlangen Sie nicht zu schnell zuviel. Was Sie mit der Zeit erreichen wollen, ist, daß Ihr Pferd seine Tritte verlängern lernt. Sie müssen unterscheiden lernen, wann das Zulegen anzeigt, daß das Pferd wirklich arbeitet – das heißt: sich anstrengt –, und das muß Ihnen im Augenblick genügen. Treiben Sie es nicht dauernd zu schnellerem Gehen an, nur weil es Ihnen beweist, daß Sie das Pferd zu einem schnelleren Schritt oder Trab bringen können. Der *raumgreifendere,* nicht der schnellere Tritt ist es, auf den Sie Ihr Augenmerk richten müssen.

Wenn Sie das Pferd im Trab auf einem größeren Zirkel zum Verlängern der Tritte anzuregen versuchen, wird es sehr wahrscheinlich angaloppieren. Hören Sie sofort mit allen «Hilfen» auf, die Sie zum Verlängern der Tritte angewendet haben. Holen Sie die Longe allmählich ein, und sagen Sie immer wieder *«Tee-rab!»* Fällt es in Trab, lassen Sie es in einem ruhigen Trab weitergehen. *Aber merken Sie sich den Augenblick, in dem das Pferd vom Galopp in den Trab übergeht. Wahrscheinlich hat es in diesem Augenblick die besten verlängerten Trabtritte gezeigt, zu denen es fähig ist.*

Beim nächsten Versuch, die Tritte zu verlängern, müssen Sie darauf achten, nicht über diesen Punkt hinauszugehen. Mit anderen Worten: Machen Sie sich seine Möglichkeiten klar und verlangen Sie nicht mehr, als dieses bestimmte Pferd geben kann. Natürlich könnte es noch ein bißchen mehr geben, wenn es länger – sagen wir ungefähr fünf Wochen – beständig daraufhin ausgebildet würde. Fragen Sie sich aber bitte selbst, ob ein «Mehr» überhaupt notwendig ist. Wenn das Pferd aus seinem normalen Arbeitstrab zulegen kann zu einem Mitteltrab, ist das absolut ausreichend und das spezielle Ziel – für Sie und das Pferd – erreicht.

Auch am Aufnehmen, dem Verlangsamen des Tempos, kann man im Trab arbeiten. Wenn Sie Ihr Pferd in ein versammelteres Tempo bringen wollen, ohne daß der Schwung verlorengeht, beginnen Sie damit, den Zirkel allmählich zu verkleinern, ohne jedoch zuzulassen, daß es im Schwung nachläßt. Mit einigem Geschick können Sie das Pferd auf einem Zirkel mit einem Radius von etwa fünf Metern zu einem versammelten Trab bringen. Sie sollten inzwischen ein Gespür dafür entwickelt haben, daß es auf den fließenden Übergang von vortreibenden und verhaltenden Hilfen ankommt, daß Sie das Pferd mit der Longe bremsen und mit der Stimme antreiben müssen. Zusätzliche feine Hilfen sind die Haltung der Peitsche (in der Nähe der Hinterhand, damit sie das Pferd immer wieder zum fleißigen Vortreten anregen kann) und Ihre eigene Körperhaltung, die zugleich Ihrem *Gefühl* für die richtige Schulung des Pferdes zugute kommen.

Betrügen Sie sich jedoch nicht selbst mit einem Pferd, das von Natur aus zur Bequemlichkeit neigt. Wenn Ihr Pferd mehr zu der faulen Sorte gehört, hat es ehrlich gesagt wenig Sinn, ihm an der Longe Versammlung beibringen zu wollen. Bei einem Pferd mit etwas Temperament geht das viel leichter. Wenn Ihr Pferd also nicht von Natur aus über einige Lebhaftigkeit verfügt, geben Sie sich besser damit zufrieden, ihm die normale Schritt- und Trabarbeit an der Longe beizubringen.

Als nächstes ist der Galopp an der Reihe. Es ist anzunehmen, daß Sie damit gewartet haben, bis das Pferd auf beiden Händen einwandfrei im Schritt und Trab geht, auf der Zirkellinie stehenbleibt und – falls es über die nötigen Anlagen dazu verfügt – in diesen beiden Gangarten eine gewisse Verlängerung und Versammlung der Tritte zeigt. Das Angaloppieren ist daher nicht mehr schwierig. Ich mache es so, daß ich das Pferd auf einem ziemlich großen Zirkel traben lasse, der so angelegt ist, daß das Pferd einmal an einem Zaun oder einer sonstigen Begrenzung vorbeikommt. Wenn es sich (gegen den Uhrzeigersinn) dem Zaun nähert, drehe ich mich ein wenig, laufe in Richtung auf seine Flanken, schnalze mit der Peitsche und rufe sehr deutlich *«Gaalopp!»*

Die Hilfen zum Angaloppieren in dem Augenblick zu geben, in dem es sich dem Zaun nähert, hat den Sinn, es mit dem richtigen Fuß anspringen zu lassen. Wenn Sie ohne natürliche Begrenzung arbeiten müssen, sollten Sie darauf achten, die Longe im Augenblick des Kommandos zum Angaloppieren locker zu lassen. Eine straffe Longe zieht dem Pferd den Kopf nach innen, so daß es im Außengalopp anspringen würde. Den Peitschenknall und das Vorwärtsgehen auf das Pferd zu, um es in Erregung zu versetzen, mache ich absichtlich auffallend, weil das Kommando neu für das Pferd ist. Meistens fallen die Pferde – zugegebenermaßen ziemlich ungestüm – in Galopp, aber wenigstens haben sie das Kommando mit der zugehörigen Gangart in Verbindung gebracht. Ich lasse das Pferd ein oder zwei Runden galoppieren und dann wieder traben. Nach einigen Trabrunden, wenn es sich wieder derselben Stelle vor der Begrenzung nähert, gebe ich erneut das Kommando zum Angaloppieren.

Danach lasse ich das Pferd eine Weile Schritt gehen und sich verschnaufen. Dann halte ich es an, drehe es um und wiederhole die Übung auf der anderen Hand, im Uhrzeigersinn. Wenn das Angaloppieren einige Male nach Kommando klappt, gebe ich mich für den Anfang zufrieden und lasse das Pferd Schritt gehen, bis es sich beruhigt hat.

Das Pferd zum Angaloppieren zu bringen, ist leicht, aber es erfordert einiges Geschick, bis der Galopp selbst so ausfällt, wie er soll. Wahrscheinlich legt sich das Pferd auf die Longe und bewegt sich schief vorwärts – den Kopf von der Longe nach innen gezogen, die Hinterhand auf einem größeren Zirkel nach außen schwimmend. Ziehen Sie nicht ständig an der Longe. Sie müssen annehmen und nachgeben, auch dann, wenn das Pferd jedes Nachgeben mit vermehrtem Ziehen quittiert und Sie in Gefahr sind, mitgezogen zu werden. *Geduld!*

Manche Pferde explodieren wie Raketen, wenn sie das erstemal an der Longe galoppieren. Versuchen Sie, sie durch besänftigendes Zureden (*«Ruhig»*, *«Brav»* usw.) zu beruhigen. Im Grunde genommen bleibt Ihnen nur zu warten übrig, bis das Feuerwerk abgebrannt ist. Es versteht sich, daß Ihre Peitsche währenddessen nach unten zeigt. Versuchen Sie auch nicht, das Pferd zu bremsen. Es wird von selbst langsamer, wenn sich die anfängliche Aufregung legt, und das fällt ihm auf einem großen Zirkel leichter als auf einem kleinen, weil es auf dem großen leichter sein Gleichgewicht findet. Es kann sein, daß das Pferd in Schweiß gebadet ist, wenn es endlich langsamer wird. Bringen Sie es sofort in Schritt, und lassen Sie ihm zehn Minuten Zeit, über die ganze Angelegenheit nachzudenken.

Zum Glück reagieren nicht alle Pferde so heftig. Manche nehmen es auch ganz ruhig. Ich wollte aber auch die Extremfälle erwähnen, weil ich gemerkt habe, daß gerade beim Galopp dem Neuling die meisten Zweifel kommen, weil das Pferd sein Selbstvertrauen erschüttert hat. Wenn Ihnen bei der Longenarbeit Zweifel an sich selbst kommen, denken Sie immer daran, daß jeder ein Pferd im Kreis herumlaufen lassen kann, daß man aber nur mit Geduld und Übung soweit kommt, das Pferd an der Longe auch zu beherrschen.

Von nun an sind Zeit und Wiederholung Ihre besten Helfer bei der Ausbildung. Nachdem Ihr Pferd das Kommando *«Gaa-lopp!»* gelernt hat, arbeiten Sie daran, daß es aus dem Schritt angaloppiert, vom Galopp in Schritt fällt, aus dem Trab angaloppiert, vom Galopp in Trab fällt. Wie die Tritte bei Schritt und Trab kann man auch den Galoppsprung verlängern oder verkürzen; den verkürzten Galopp an der Longe muß man aber sehr, sehr langsam entwickeln, sonst geht es schief.

Sie haben sicher bemerkt, daß ich mich mit der Schrittarbeit ausführlicher beschäftigt habe als mit Trab und Galopp. Das ist keine Nachlässigkeit meinerseits. Wenn Sie erreicht haben, daß das Pferd an der Longe mit leichter Anlehnung Schritt geht, daß es die Tritte im Schritt einigermaßen verlängern und verkürzen kann, dann können Sie nämlich longieren; auf die Gangart kommt es gar nicht an. Die schnelleren Gangarten werden Ihnen keine Schwierigkeiten mehr bereiten – und Sie werden dafür Ihren eigenen Stil entwickeln. Ich kann Ihnen jetzt einzig noch raten, die Schrittarbeit an der Longe dazu zu benützen, sich über Ihre Möglichkeiten klar zu werden und Ihr *Gefühl* weiterzuentwickeln.

Wenn das Pferd im Schritt schon einigermaßen sicher an der Longe geht, bringen Sie ihm das Wechseln durch den Zirkel bei. Wie bei einem Großteil der Longenarbeit besteht die Schwierigkeit weniger darin, dem Pferd die gewünschte Lektion beizubringen, als darin, das Pferd beim Begreifen der von ihm geforderten Aufgabe so wenig wie möglich zu stören. Im wesentlichen geht es darum, daß das Pferd, wenn Sie eine bestimmte Stellung einnehmen, flüssig von der Zirkellinie durch den Mittelpunkt des Zirkels wechselt und auf der anderen Hand wieder auf den Zirkel geht.

Sie wissen inzwischen, daß jede Unterbrechung eines bekannten Vorgangs das Pferd verwirrt. In diesem Fall unterbrechen Sie das Verhaltensmuster des Auf-der-Zirkellinie-Gehens. Vom Standpunkt des Pferdes aus ändern Sie die Regeln, die es bisher gelernt hat. Beim ersten Versuch eines Handwechsels durch den Zirkel wird das Pferd wahrscheinlich stehenbleiben. Es denkt: *Was machst du denn da?*

Wenn Sie also beweglich genug sind, schnell und flüssig eine andere Stellung einzunehmen und auf die andere Seite des Pferdes zu gelangen, ohne dabei mit dem Vorwärtstreiben aufzuhören, gelingt Ihnen der Handwechsel vielleicht auf Anhieb und ohne daß das Pferd stehenbleibt. Aber auch wenn es nicht gelingt, ist das nicht weiter schlimm. Arbeiten Sie ruhig weiter, bis das Pferd begriffen hat, was es tun soll.

Fangen Sie genauso an wie damals, als Sie ihm die ersten Übungen im Schritt beibrachten: mit einem langen Führzügel und einer Reitgerte. Lassen Sie das Pferd auf einem Zirkel im Radius von etwa zwei Metern gehen. Den Führzügel halten Sie in der linken, die Gerte in der rechten Hand.

Mit dem wiederholten Kommando *«Schee-ritt!»* sorgen Sie dafür, daß das Pferd fleißig vorwärtsgeht; dann wechseln Sie die Gerte mit der Spitze nach unten von der rechten in die linke Hand. Gleichzeitig greifen Sie mit der linken Hand herüber und packen den Führzügel etwa eine Armlänge kürzer. Als nächstes – und alles in einer fließenden Bewegung – gehen Sie vor dem Pferd vorbei,

Abb. 25. Um dem Pferd den Handwechsel durch den Zirkel beizubringen, benützt man zunächst wieder die kürzere Führleine. Sie halten sie in der linken, die Gerte in der rechten Hand. So wechseln Sie schnell vor dem Pferd zur andern Seite über.

Abb. 26. Auf der andern Seite treiben Sie das Pferd mit «Schee-ritt» sofort an, und berühren Sie es, wenn nötig, mit der Gerte am Rumpf. Es sollte nun fließend in der neuen Richtung vorwärtsgehen.

ziehen es am Führzügel zur Mitte und stellen sich so, daß Sie schließlich auf die rechte Seite des Pferdes zu stehen kommen. Lassen Sie nun den Führzügel, den Sie noch immer in der linken Hand halten, los, lassen Sie ihn durch die Rechte gleiten und fassen Sie ihn ganz am Ende an. Wenn das Pferd nicht angehalten hat, wechselt es nun am lose hängenden Zügel durch den Mittelpunkt. Treiben Sie es mit der Stimme ständig an, und wenn Sie sich auf seiner rechten Seite befinden, heben Sie die Gerte und berühren es wenn nötig am Rumpf. Wenn es bis zur vollen Länge des Führzügels gegangen ist, bringt es der Zug am Halfter auf die andere Hand. Auch wenn es stehenbleibt, sobald Sie vor ihm vorbeigehen: Gehen Sie weiter, bis Sie rechts vom Pferd sind, und fordern Sie es dann zum Vorwärtsgehen auf. Vervollkommnen Sie diese Technik möglichst schnell, damit auch das Pferd ohne Stocken wechseln lernt. Sonst gewöhnt es sich vielleicht an, jedesmal stehenzubleiben, wenn Sie vor ihm vorbeigehen.

Der Grund dafür müßte Ihnen klar sein. Bei der bisherigen Arbeit ohne Reiter bedeutete es für das Pferd eine Aufforderung zum Halten, wenn Sie sich auf seinen Kopf zu bewegten. Also ist das Pferd bereit, auf diese Körperstellung entsprechend zu reagieren. Deshalb ist es wichtig, daß Sie mit der rechten Hand den Führzügel so hereinziehen, daß das Pferd zur Mitte hereinkommt, während Sie schnell Ihre Stellung am Kopf nach rechts und dann mehr zur Hinterhand hin wechseln und es mit der Stimme und notfalls mit der Gerte zum Weitergehen auffordern. Denken Sie daran: Ein Pferd kann sich nicht auf zwei Dinge zugleich konzentrieren. Es ist also wesentlich, daß Sie schnell über die Stellung, die für das Pferd «Anhalten» bedeutet, hinaus und in eine Stellung mit der Bedeutung «Vorwärts» kommen. Vermeiden Sie aber jede Hast; übereilte Bewegungen könnten das Pferd erschrecken und erst recht zum Anhalten bringen. Schnell und flüssig müssen Ihre Bewegungen sein; darauf kommt es an.

Das klingt schwieriger als es ist, aber die Hilfen – Körperstellung, Gerte und Annehmen des Führzügels – müssen fließend ineinander übergehen, damit auch das Pferd ebenso fließend die Hand wechselt. Soll es von der rechten auf die linke Hand wechseln, gibt man die Hilfen von der entsprechenden anderen Seite (siehe Abbildungen 25 und 26).

Wenn das Pferd den Grundgedanken begriffen hat, lassen Sie es auch durch einen größeren Zirkel wechseln. Das geht so ziemlich genauso, nur daß Sie den Umgang mit der längeren Longe gut beherrschen müssen. Wenn das Pferd anfängt zu wechseln, hängt sie mehr durch als ein Führzügel, und es besteht die Gefahr, daß das Pferd darübertritt. Diese Gefahr ist noch mehr gegeben, wenn Sie den Handwechsel im Trab versuchen. Wenn das Pferd willig und fleißig vorwärtsgeht, müssen Sie sich noch schneller bewegen und die Longe noch schneller verkürzen und wieder durchgleiten lassen. Inzwischen dürften Ihre schnellen Bewegungen das Pferd aber nicht mehr beunruhigen, weil es jetzt daran gewöhnt ist.

Vor einem möchte ich Sie ganz entschieden warnen: *Schlagen Sie das Pferd nie mit der Gerte, wenn es beim Wechseln an Ihnen vorüberkommt.* Der Mittelpunkt des Zirkels ist neutraler Boden. Wenn Sie das Pferd hier schlagen, wird es den Boden bald für «heiß» halten und zu vermeiden versuchen. Das soll nicht heißen, daß Sie es nicht antippen dürfen, damit es weitergeht; Sie dürfen es aber nie, wirklich nie schlagen.

Noch ein Wort zum Gebrauch von Bandagen oder Gamaschen bei der Longenarbeit. Ich kenne Leute, die teure und kunstvolle Halfter für das Longieren kaufen, was ich unnötig finde, die aber zögern, wenn es darum geht, die Beine ihres Pferdes zu schützen. Gamaschen sind zwar nicht unbedingt notwendig, aber sie sind ihren Preis wert, weil sie einen guten Schutz gegen das Streifen und Anschlagen bieten. Manche Pferde schlagen sich, besonders beim Verlängern der Tritte, gern an, was häßliche Schwellungen und Überbeine geben kann und sie für einen oder zwei Tage außer Gefecht setzen kann. Wenn Ihr Pferd zu denen gehört, die vier linke Hufe zu haben scheinen, lohnt sich die Investition auf jeden Fall.

Longieren ist nicht nur nützlich, weil Sie dabei die Grundsätze der Ausbildung und viel über das Verhalten von Pferden lernen können, sondern es trägt auch dazu bei, Gleichgewicht, Geschmeidigkeit und Gehorsam des Pferdes zu entwickeln. Wenn sich diese Vorteile auswirken sollen, ist allerdings ein richtiges Programm für das Longieren vonnöten. Nur zu oft wird das Longieren als ein ungeregeltes Im-Kreis-Laufen mißverstanden, bei dem das Pferd sich weder körperlich noch geistig weiterentwickelt. Nur selten wird die Arbeit in allen Gangarten so weit ausgedehnt, daß das Pferd sich beruhigt und in jeder Gangart seinen Takt findet, woraus sich erst Gleichgewicht, Geschmeidigkeit und die richtige Einstellung zur Arbeit entwickeln können. Zum Vergleich: Beim Start besteht ein Flugzeug aus nichts als Kraft und Geschwindigkeit. Wenn es seine Reiseflughöhe erreicht hat, wird die Maschine gedrosselt, die Klappen werden eingezogen, und es gleitet ruhig und sicher dahin.

Das Longieren sieht in vielen Fällen so aus, daß das Pferd mit viel Kraft und hoher Geschwindigkeit ablongiert wird, und gerade wenn es die Phase des «Reiseflugs» erreicht hätte, wird es angehalten. Dabei ist eine Weiterentwicklung nur während dieses «Normalflugstadiums» möglich. Es hat sich dann beruhigt (ich spreche hauptsächlich von Trab und Galopp) und findet zu einem kadenzierten Takt im Gleichgewicht.

Das ist das Lernziel. Das Pferd soll schließlich so weit kommen, daß es automatisch seine Normalgeschwindigkeit annimmt, wenn Sie es auffordern, aus dem Schritt anzugaloppieren, und nicht davonstürmt. Wenn Sie es immer bremsen, wenn es stürmt, wird es immer wieder stürmen. Wenn Sie ihm die normale Reisegeschwindigkeit gestatten und ihm einprägen, daß es nicht zu stürmen braucht, wird es sich hauptsächlich in dieser schönen, ruhigen Gangart bewegen.

Das Gleiche gilt auch für den Trab. Im Trab kann man am besten an der Geschmeidigkeit des Pferdes arbeiten. Man muß dem Tier aber Zeit lassen, überschüssige Energie loszuwerden und zu einem ruhigen, ausgewogenen Tempo zu finden. Wenn es diesen Punkt erreicht hat, kann man ihm zu arbeiten erlauben und versuchen, es auf die von ihm gewünschte Leistung einzustellen.

Ich lasse meine Pferde an der Longe immer erst mit ihrer eigenen Geschwindigkeit traben, damit sie sich lösen und auf die Arbeit einstellen können. Es dauert etwa eine Minute, dann «legen sie einen anderen Gang ein» und sind bereit zu arbeiten. In diesem Tempo halte ich sie etwa drei Minuten, lasse sie dann eine Minute Schritt gehen, wechsle die Hand, lasse sie noch eine Minute Schritt gehen und dann wieder antraben. Ich lege immer wieder lange Schrittpausen ein, aber wenn ich mit dem Longieren aufhöre, hat das Pferd ausgiebig gearbeitet. Es hat Muskeln und Lunge trainiert und sein Gefühl für Takt und Tempo geschärft.

Es wäre ein Fehler, nicht auch auf den Longiergurt mit seinen Ausbindezügeln einzugehen. Schließlich sieht man ihn sehr oft, meist mit der Absicht, dem Pferd «die richtige Kopfhaltung» beizubringen. Ich möchte betonen und werde das im Kapitel über die Entwicklung der Gänge auch immer wieder wiederholen, daß ein Pferd seinen Kopf am schönsten trägt, wenn man es im Maul in Ruhe läßt. Die Voraussetzung ist allerdings, daß das natürliche Gleichgewicht des Pferdes systematisch verbessert und entwickelt wird.

Das Longieren trägt dazu bei, daß das Pferd sich ungezwungen bewegt, Hals und Kopf natürlich trägt und die Halsmuskeln bei der Arbeit in den verstärkten Gangarten gedehnt werden, so daß der Hals sich in die Tiefe wölbt. Angestrebt wird Geschmeidigkeit, und zwar von der Nasenspitze des Pferdes über seinen Hals und Rücken bis in die Hinterhand.

Wenn man gerade ein junges Pferd ausbindet, das noch nicht sich zu strecken gelernt hat, fordert man einen Widerstand heraus, der keine Geschmeidigkeit aufkommen läßt. Das Ergebnis einer erzwungenen versammelten Haltung ist eine falsche Halshaltung, weil das Pferd oft den Unterhals herausdrückt oder den Rücken wegdrückt. Oft kommt das Pferd dadurch auch hinter oder über den Zügel. All das macht es unmöglich, das Pferd zum Untertreten zu bringen, der einzigen reellen Grundlage von Gleichgewicht und Versammlung.

Ich lehne Ausbindezügel nicht generell ab, sondern nur die Art, wie sie im allgemeinen verwendet werden. Wie schon gesagt: Muskeln können sich natürlich und leicht nur so weit zusammenziehen, wie sie sich auch dehnen können.

Ausbindezügel sind also nur dann richtig verschnallt, wenn sie eher zu lose als zu eng sind, so daß das Pferd den Hals strecken kann und durch den Schwung dazu gebracht wird, Anlehnung ans Gebiß zu suchen. Wenn sich später infolge der untersetzenden Hinterhand Hals und Kopf auf natürliche Weise heben, weil sich das Gleichgewicht verbessert hat, kann man durch allmähliches Verkürzen der Ausbindezügel eine noch bessere, noch ruhigere Kopfhaltung erreichen.

Ich persönlich empfehle Ausbindezügel nicht, weil sie die Absicht dieses speziellen Buches, das Ihnen zeigen soll, wie man ein Pferd schult, zunichte machen könnten. Die Ausbildung an der

Longe ist eine wichtige Grundlage für die Arbeit unter dem Reiter. Später allerdings können Ausbindezügel durchaus nützlich sein, besonders wenn man bei der Schulung seinen eigenen Stil zu entwickeln beginnt.

Das also ist die Kunst des Longierens. Sie ist als Herausforderung nicht zu unterschätzen, aber auch nichts, das unmöglich wäre. Behalten Sie nur immer Ihr Ziel vor Augen – ein Pferd, das bei minimaler Einwirkung in allen drei Gangarten leicht und gehorsam arbeitet. Vergessen Sie dieses Ziel nie, während Sie daran arbeiten, Ihren persönlichen Stil zu entwickeln und zu vervollkommnen.

7 Zäumungen und Gebisse

Eine der klugen Bemerkungen von Benjamin Franklins «Armem Richard» lautet: «Das Pferd denkt so, und der es sattelt, denkt anders.»

Kein oberflächlicher Ausspruch. In ihm spiegelt sich das Problem, dem der Mensch sich gegenübersieht, seit er beschlossen hat, das Pferd lieber zu reiten als zu essen. Von Reitkunst – der Kunst, Pferde zu verstehen, zu schulen und zu reiten – kann man nur sprechen, wenn die Kluft zwischen den Denkprozessen von Mensch und Pferd überbrückt ist.

Für meine Zwecke möchte ich den Ausspruch des Armen Richard abändern und die Betonung darauf legen, daß das Pferd so denkt, und der es *zäumt,* anders.

Auf das Zäumen kommt es mir an, weil es ein Thema ist, das den Neuling am ehesten verwirrt. Selbst Leute, die berufsmäßig mit Pferden umgehen – mich eingeschlossen –, sind sich langfristig über den Wert oder Unwert der Gebisse, der Zäumungstheorien und der entsprechenden Praktiken nicht immer im klaren.

Damit will ich Sie nicht entmutigen oder behaupten, Sie müßten sich durch ein Gewirr von Gebissen, Stilarten und Allheilmitteln durchkämpfen. Die Zäumung ist durchaus kein Problem, wenn man bestimmte vorhergefaßte Meinungen über Bord wirft und sich bemüht, das Prinzip der Zäumung zu verstehen. Glauben Sie mir: die Mühe ist minimal im Vergleich zum Lohn, denn Sie macht aus Ihnen einen besseren Reiter und erspart Ihrem Pferd manche Unbequemlichkeit.

Die erste Behauptung, die Sie vergessen sollten, ist vielleicht diese: «Wenn das Pferd nicht so reagiert, wie Sie es wünschen, müssen Sie das Gebiß ändern.» Dauernd neue Gebisse auszuprobieren und zu hoffen, daß eines Tages eines darunter sei, das wie ein Zauberstab wirkt, ist kein Ersatz für reiterliches Können.

Erstens nützt es nichts, und zweitens ist es ein sicheres Zeichen dafür, daß es an der Beziehung zum Pferd fehlt. (Hier möchte die Herausgeberin widersprechen: In sehr vielen Fällen hilft ein vorsichtiger Wechsel etwa von der Trense zu einer kleinen Stange oder dem Pelham, nicht aber wahlloses Herumprobieren! Manche Pferde, die «trensensauer» gemacht wurden, leben mit der Stange im Maul wieder auf. Wohlverstanden: hier wird Pelham und Stange nicht als *schärferer,* sondern als *anderer* Zäumung das Wort geredet.)

Erfahrene Reiter denken meist nicht viel über das Gebiß nach, das ihr Pferd im Maul trägt; ein paar Grundregeln der Zäumung in Verbindung mit reiterlichem Können sind ihnen genug.

Bleiben wir einen Augenblick bei diesem Gedanken. Das Zaumzeug ist, über das Gebiß, Ihr «direkter Draht» zum Pferd. Natürlich dienen auch andere Hilfen wie Gewicht, Schenkel und Stimme der Verständigung, aber das Gebiß ist die wichtigste Hilfe, weil man so viel damit erreichen kann. Es signalisiert dem Pferd Ihre Wünsche: *signalisiert!* Es zwingt sie ihm nicht auf! *Zwang verursacht Schmerz; Schmerz verursacht Angst. Und Angst löscht die Konzentrationsfähigkeit des Pferdes aus; es kann nichts mehr lernen.*

Sie dürfen im übrigen glauben, daß Ihr Können wächst, wenn Sie anfangen, sich mehr auf andere Hilfen zu verlassen und weniger auf das Gebiß.

Nur zu oft aber führen Riegeln und Ziehen im Maul oder falsche Gebisse (sogar falsch verpaßte Gebisse oder Zaumzeuge) dazu, daß ein Pferd auszuweichen oder zu kämpfen versucht. Der Reiter wiederum wird oft dazu verführt, alle möglichen Phantasiegebisse auszuprobieren, die das arme Pferdemaul aushalten muß. Ich übertreibe nicht, wenn ich sage, *daß zwischen Reiterhand und Pferdemaul mehr Fehler gemacht werden als auf jedem anderen Gebiet der Arbeit mit Pferden.* Wie so viele Reitlehrer und Veranstalter von Reitkursen kann auch ich nur bestätigen, daß die meisten Fragen mit dem Gebiß zu tun haben: «Welches Gebiß ist das beste?» – «Mein Pferd schlägt mit dem Kopf – brauche ich ein besonderes Gebiß?» – «Mein Pferd streckt die Zunge heraus...» – «Mein Pferd legt sich aufs Gebiß...»

Es entspricht der menschlichen Natur, daß diese Leute immer

sagen, ihre Pferde hätten Probleme. Aus Höflichkeit nicke ich mit dem Kopf, obwohl ich lieber erwidern würde, daß die Probleme bei ihnen liegen und das Hauptproblem Unwissen und Mißverständnis heißt. Ich weiß, daß es so ist, weil ich sie befrage, und ihre Antworten zur Wirkungsweise von Gebissen zeigen deutlich, wie wenig sie wissen. Sie wissen nicht, wie das Maul eines Pferdes gebaut ist, wie die Kombination von Stange und Stangenkette wirkt oder auf welche unterschiedlichen Druckstellen durch unterschiedliche Gebisse im Pferdemaul eingewirkt wird.

Einen Teil der Verwirrung kann ich gut verstehen. Man braucht nur einen Katalog von Reitzubehör aufzuschlagen, um eine unwahrscheinliche Menge von Gebissen abgebildet zu sehen. Alle Formen. Alle Größen. Und manche mit dem Etikett des Allheilmittels, was schon an arglistige Täuschung grenzt.

Ein Katalog veröffentlichte sein Angebot unter der fettgedruckten Wiedergabe eines alten Sprichwortes: *Es gibt einen Schlüssel zu jedem Pferdemaul.* Und dann folgten Gebisse Seite um Seite. Wenn ein Profi sich schon verblüfft den Kopf kratzt, kann ich mir vorstellen, wie einem Anfänger da zumute sein muß.

Es stimmt: Es gibt einen Schlüssel zu jedem Pferdemaul. Aber damit ist weniger das Gebiß als vielmehr die weiche Hand des Reiters gemeint. Geben Sie sich da keiner Täuschung hin! Buchstäblich jedes Gebiß ist harmlos, wenn es richtig angewendet wird, aber das mildeste Gebiß kann zur Qual werden, wenn es falsch benutzt wird.

Ein guter Reiter benutzt die einfachsten Mittel, aber er benutzt sie ganz außerordentlich gut. Oder anders ausgedrückt: Ein guter Reiter möchte immer noch besser werden, aber nicht vermittels stärkerer Gebisse und Hilfskonstruktionen auf Kosten seines Pferdes. Früher oder später gilt für das Pferd nur noch Schmerz und Gewalt, und das ist das Ende der Reitkunst.

Ein weiser Reiter fragt dann: *Wo fangen Schmerz und Gewalt an?* Eine gute Frage, denn wenn das Pferd die Gewalt nicht kennt, die ein Gebiß auf sein Maul ausüben kann, ahnt es gar nicht, wie es diese Gewalt auf eine Weise respektieren soll, die der Reiter als Effekt des Trainings wünscht. Damit kommen wir zu einem entscheidenden Punkt.

Ganz offensichtlich verursacht es dem Pferd Schmerzen, wenn

man es hart am Gebiß reißt, und dies zerstört das gegenseitige Vertrauensverhältnis. Weniger klar ist jedoch, daß durch übervorsichtige Handhabung der Zügel (als seien sie aus leicht zerreißbarem Nähgarn) genauso wenig erreicht wird, nicht einmal eine Beziehung, da Sie sich dem Pferd ja gar nicht liebmachen.

Jahrelang wußte ich nicht recht, wie ich meinen Schülern den Unterschied zwischen einem wirksamen Druck beibringen konnte, der zur Ausbildung gehört, und einem schmerzhaften Druck, der jede Ausbildung zunichte macht. Schließlich kam ich auf eine Analogie, die sich als hilfreich erwies, dem Schüler das *Gefühl* für Druck und Schmerz *spürbar* zu machen.

Kennen Sie die Empfindung, wenn jemand Sie fest am Genick packt, kurz unterhalb der Ohren? Wenn ja, werden Sie verstehen, was ich meine. Wenn nicht, bitten Sie einmal einen Freund, Sie so zu packen. Die Halssehnen lassen sich in ihrer Empfindlichkeit in etwa mit der eines Pferdemauls vergleichen. Lassen Sie Ihren Freund den Druck verstärken und verspüren Sie, wie der vermehrte Druck nun schmerzhaft wird und Sie sich unwillkürlich winden und sich ihm zu entziehen versuchen.

Versuchen Sie nun dasselbe bei Ihrem Freund. *Fühlen* Sie, wie wenig Druck erforderlich ist, um Ihren willigen Freund zu beherrschen. Sie brauchen nur mit dem Daumen oder einem anderen Finger rechts oder links am Hals zu drücken, und er wendet sich in die entsprechende Richtung. Aber nur ein bißchen mehr Druck, und es ist zuviel. Dann erstarrt er oder windet sich aus Ihrem Griff heraus. Sie sollten sich die Intensität des Druckes klar machen, die einen leichteren Druck in Schmerz verwandelt. Übermäßiger Druck kann dem Ziehen am Zügel verglichen werden. Harte Hände machen Pferde zu Pullern, genauso wie ein harter Druck im Genick dazu führt, daß Ihr Freund versucht, sich loszureißen.

Druck ermöglicht Kontrolle, aber Schmerz erzwingt sofortige Rebellion. Lernen Sie diese Lektion mal; Sie werden dann besser imstande sein, Ihrem Pferd beizubringen, auf Druck zu reagieren. Und denken Sie daran, daß das Gebiß im Maul Gewalt hat. Erst wenn das Pferd diese Gewalt herausgefordert hat – was es mit Sicherheit tun wird – und merkt, daß es Schmerz verursacht, wird es bereit sein, den Druck zu akzeptieren, den Sie nun hoffentlich mit Gefühl anwenden. Wie gut Sie diese Herausforderung bestehen, demonstriert die Essenz Ihres reiterlichen Könnens.

Machen Sie unbedingt einmal dieses Nackenspiel. Es ist soviel wert wie ein gutes Jahr Erfahrung damit, wie Gebisse auf das Pferdemaul wirken.

Nachdem Sie nun den feinen Unterschied zwischen Druck und Schmerz verstanden haben, untersuchen wir das Pferdemaul auf jene Stellen hin, an denen das Gebiß einwirkt.

Sehen Sie sich zuerst den Querschnitt des Pferdekopfes an. Prägen Sie ihn sich so fest ein, daß Sie ihn kennen wie die Farbe Ihres Pferdes. Schauen Sie ihm möglichst selbst ins Maul (stecken Sie den Zeigefinger seitlich, im Bereich der Laden, ins Maul). Sehen Sie sich die Zunge gut an. Merken Sie sich ihre Größe und die Art, wie das Pferd sie bewegen kann. Ein nicht richtig verschnalltes Gebiß führt zur Qual. Sehen Sie sich Laden und Zahnstellung an.

Die Struktur des Pferdemauls ist nicht sehr kompliziert. Mit Ausnahme der Zähne besteht alles aus Fleisch oder, wie bei den Laden, empfindlichen Knochen mit einer dünnen Fleischschicht darüber. Die Zunge ist beweglich und kann unangenehmen Druck in etwa ausgleichen; andere Bereiche aber, die mit dem Gebiß unmittelbar in Berührung kommen, sind starr mit dem Kopf verbunden. Wenn das Pferd daher Schmerzen an den Lippen, den Laden, der Kinngrube oder im Genick fühlt, kann es nur durch Kopfschlagen, nach unten Bohren, Durchgehen oder mit schlichtem Ärger darauf reagieren – lauter Reaktionen, die der Schulung oder auch nur dem vergnüglichen Reiten abträglich sind.

Unterschiedliche Gebisse üben auf unterschiedliche Bereiche unterschiedlich starken Druck aus. Doch die konventionelle Art, Gebisse zu beschreiben, ist, sie nach Schärfengraden zu klassifizieren: die Trense ist weniger scharf als das Pelham, Pelham und Trense sind weicher als die Kandare, eine dicke Trense ist angenehmer im Maul als eine schmale, oder Stangen mit längeren Anzügen haben stärkere Hebelwirkung als solche mit kürzeren Anzügen.

In einem allgemeinen Sinn kann das alles richtig sein. Nur werden Gebisse von einem Gesichtspunkt aus erklärt, der das Wesentliche außer acht läßt und den Neuling nur auf den relativen, potentiellen Druck hinweist, den ein Gebiß im Pferdemaul erzeugen kann.

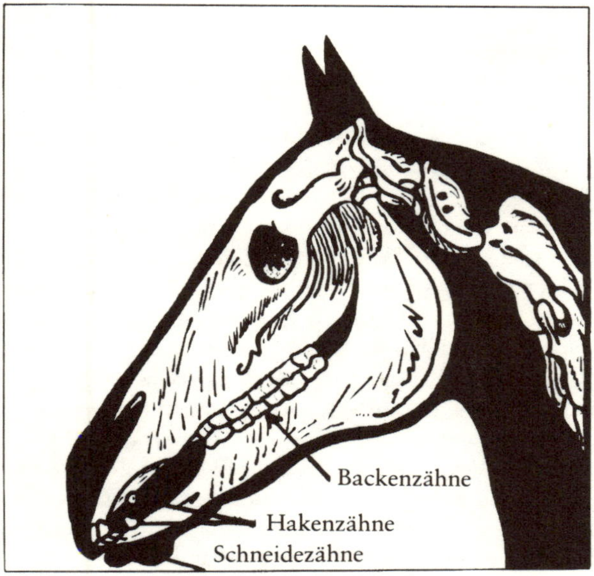
Backenzähne
Hakenzähne
Schneidezähne

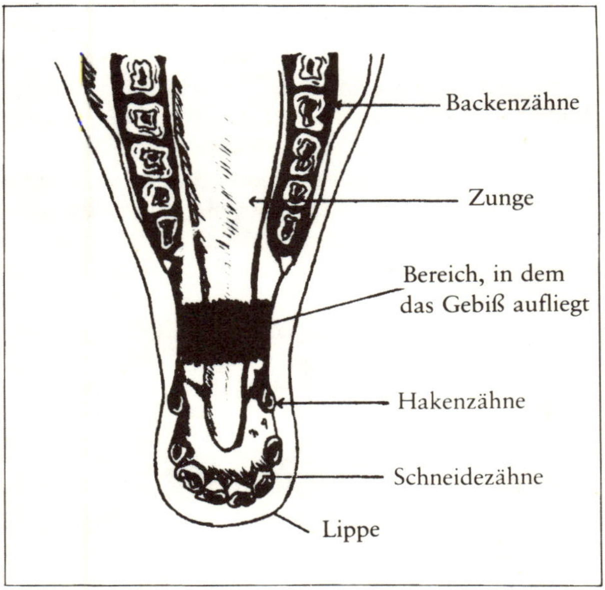
Backenzähne
Zunge
Bereich, in dem
das Gebiß aufliegt
Hakenzähne
Schneidezähne
Lippe

Leider kommt er dadurch auf die Idee, daß bei einem schwer zu bremsenden oder zu lenkenden Pferd automatisch ein schärferes Gebiß angezeigt ist. (Die wenigsten glauben, daß meist ein *milderes* Gebiß erforderlich ist.) Noch schlimmer ist, daß dadurch der Gedanke verwischt wird, daß ein Pferdemaul unabhängig vom verwendeten Gebiß erzogen werden *muß*.

Zum Beispiel: Wenn ein Pferd vorwärtsgehen soll, berühren wir im allgemeinen seine Seiten mit dem Schenkel oder dem Absatz, und das Pferd reagiert. Warum? Weil das Pferd, irgendwann im Anfang seiner Schulung, gedrängt wurde, vorwärtszugehen, wenn es Absatz, Schenkel oder Gerte fühlte. Sobald es vorwärtsging, hörte dieses Drängen auf. Es bildete sich eine Gewohnheit, bei der das Pferd wußte, daß Druck der Beine «Vorwärtsgehen» bedeutete, andernfalls es die Absätze oder gar die Gerte zu spüren bekäme. Wahrscheinlich brauchte es nur eine oder zwei Lektionen, bis das Pferd ganz automatisch auf Schenkeldruck ansprach.

Aber wenn das Pferd anhalten soll, wirkt der Reiter mit einer Kraft auf das Gebiß ein, die in keinem Verhältnis zu dem steht, was nötig ist, dasselbe Gewicht vorwärtszubewegen.

Ohne genügende Kenntnis dieser Dinge bedeutet der Gebrauch einer viel zu großen Auswahl an Gebissen einen leichten und kurzsichtigen Ausweg aus dem Dilemma. Jedes Gebiß, auch das angeblich weichste, kann von unausgebildeten Händen in einem unausgebildeten Pferdemaul angewendet zu einer scharfen Zäumung werden. Umgekehrt ist für ein Pferd, dessen Maul ausgebildet wurde, und Hände, die *fühlen* und verstehen, wie die verschiedenen Gebisse auf das Pferdemaul wirken, jede Zäumung weich, selbst die angeblich grausame. Alles hängt von Ihrer Hand ab und davon, wie gut Ihr Pferd gelernt hat, auf das Gebiß zu reagieren.

Trensen

Es gibt – von den unzähligen Unterarten abgesehen – nur drei Arten von Gebissen: die Trense, das Pelham – eine Kombination von Trense und Stange in einem Teil – und die Stange. Fügt man eine Stange und eine dünne Trense zusammen, so entsteht als Kombinations-Zäumung (aus zwei Teilen) die Kandare.

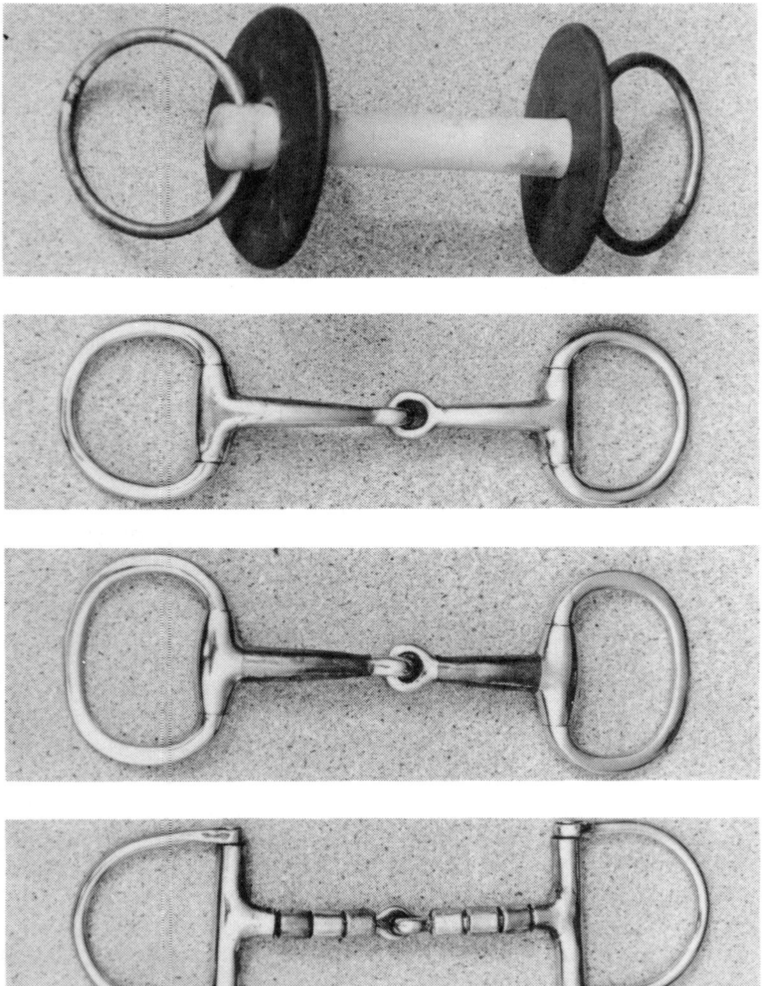

Abb. 27. Verschiedene Trensengebisse, von oben nach unten: Glatte Gummitrense, sehr beweglich, mit Gummischeiben seitlich. Olivenkopftrense, einfach, mittlere (angenehme) Dicke. Olivenkopftrense mit Mundstücken aus Kupfer. Ringtrense, beweglich, mit Kupferrollen und D-Ringen seitlich.

Es gibt gerade oder Stangentrensen und gebrochene Trensen (Abb. 27), die beide eine direkte Wirkung ausüben. Keinerlei Hebelwirkung wird auf das Pferdemaul ausgeübt. Wenn die Zügel angezogen werden, rutscht das Gebiß in die Maulwinkel hoch und zieht die Lippen je nach Intensität des Zügelzugs nach hinten. Auf die Zunge wird nur wenig Druck ausgeübt.

Die gebrochene Trense hat eine zusätzliche Wirkung. Wenn die Zügel angezogen werden, knicken die beiden Teile im Gelenk nach oben ab, so daß auf Lippen und Laden mehr Druck ausgeübt wird, besonders bei tiefgestellter Hand.

Infolgedessen und rein akademisch gesehen ist die *Stangentrense* also die weichere Zäumung. Manche Mundstücke sind außerdem noch in mildem Bogen geführt, so daß die Zunge etwas mehr Spielraum hat als bei einer ganz geraden Stangentrense. Sie kann gegen die Wölbung drücken und ein wenig Erleichterung verschaffen. Stellen Sie sich vor, Sie hätten Papierröllchen hinten auf der Zunge – wo die Stangentrense im Pferdemaul liegen würde –, im Gegensatz zum Röllchen weiter vorn, an der Zungenspitze analog der gebogenen Stange. Sie spüren selbst, daß die Zunge die weiter vorn liegende Rolle leichter bewegen kann als die weiter hinten liegende. Der Vergleich hinkt zwar etwas, aber vielleicht können Sie trotzdem verstehen, warum das gebogene Mundstück weicher ist als die Stange. Pferde gehen – besonders bei einem Reiter mit harter Hand – auch wirklich leichter mit diesem Gebiß.

Trensengebisse gibt es aus weichem Gummi, aus Hartgummi und natürlich aus Metall. Gummimundstücke haben sich bei Pferden, die empfindlich im Maul sind und gern durch Pullen dem durch harte (ziehende) Hände verursachten Schmerz entgehen, sehr bewährt. Ohne das schmerzhaftere Metallgebiß hat das Pferd weniger Grund zu ziehen. Gummigebisse eignen sich außerdem gut als erstes Gebiß bei einem ungeschulten Pferd oder zur Korrektur eines im Maul verdorbenen Pferdes, das erst wieder Vertrauen fassen muß.

Die *gebrochene Trense* ist das bekanntere Gebiß. Für manche Reiter, besonders die passionierten Jagd- oder Hobbyreiter, ist eine dicke, gebrochene Trense alles, was sie brauchen. Ich bin so ziemlich der gleichen Meinung. Sie ist nicht nur ein Zeichen, daß das Pferd gut geritten ist – falls es gehorsam und vertrauensvoll damit geht –, man braucht auch nicht mit so vielen Zügeln umzugehen, und das Pferd hat weniger Eisen im Maul. Eine dicke, gebrochene Trense erlaubt dem Pferd auch eine natürlichere Haltung. Für Prüfungen, in denen eine stärkere Versammlung gefordert wird, reicht diese Zäumung allerdings nicht aus. Trotzdem ist es gut, außerhalb des Turnierplatzes hin und wieder auf Trense zu reiten.

Bei der gebrochenen Trense sind zwei Teile durch ein Gelenk in der Mitte verbunden. Bei anderen ist noch ein Ring oder ein löffelförmiges Stück eingefügt, wodurch die Nußknackerwirkung gemildert wird. Sie sind angenehmer für die Zunge und kneifen weniger.

Offen gesagt hatte ich nie Gelegenheit, diese Varianten der gebrochenen Trense zu verwenden, obwohl die Erklärungen plausibel klingen. Ich habe viele Pferde mit herkömmlichen gebrochenen Trensen geritten und sie mehr als angemessen gefunden. Sparen Sie sich also zusätzliche Ausgaben; kaufen Sie nicht ein neues Gebiß, nur weil jemand behauptet, es sei in gewisser Weise wirksamer als ein anderes. Es hängt immer noch alles von der Hand ab – und eine gebrochene Trense mit dickem Mundstück genügt meist völlig.

Wenn Sie aber ein Gebiß kaufen oder ansehen, das Sie bei Ihrem Pferd verwenden wollen, achten Sie auf die Trensenringe. Selbst die großen Ringe im alten Stil (sieben bis acht Zentimeter Durchmesser, damit das Gebiß nicht seitlich herausgezogen werden kann) sind angemessen, solange die Ringe nicht schon abgenutzt und die Öffnungen vom langen Gebrauch dünn geworden sind. Das Pferd kann sich darin böse die Lippen einklemmen. Andererseits sind ein bißchen «Spiel» und freie Beweglichkeit dabei behilflich, das Pferdemaul entkrampft zu halten.

Beliebter sind heutzutage die D- oder Renntrense und die Olivenkopftrense. Ihre Form verhindert, daß das Gebiß durchs Maul gezogen wird, und der Übergang von Mundstück zu Seitenstück ist so glatt verarbeitet, daß kein Pferd sich einklemmen kann.

Auch hier gibt es wieder leichte Variationen. Bei manchen Seitenteilen hat das Mundstück Spiel, bei anderen sind sie starr miteinander verbunden und bilden eine solide Einheit. Wenn Sie Ihre erste Zäumung aussuchen, sollten Sie ein Gebiß wählen, bei dem Mundstück und Seitenteile leichtes Spiel haben. Es soll auf das Pferdemaul dieselbe Wirkung haben wie bei uns ein Stück Kaugummi. Das Kauen hält die Kiefer feucht und entspannt, und ein Gebiß mit etwas Spiel hat beim Pferd eine ähnliche Wirkung. Das ist besonders wichtig, wenn ein Pferd gelernt hat, eine harte Hand zu überlisten, wie es sehr oft geschieht.

Genauso wichtig ist es, daß das Mundstück nicht zu dünn ist. Ein dickeres Mundstück hat eine größere Auflagefläche und liegt deshalb angenehmer im Maul; außerdem werden die Maulwinkel davon nicht so leicht wund. Darüberhinaus stärkt solch ein Gebiß das Vertrauen des Pferdes und wird eher angenommen.

Bis Ihre Hände das richtige *Gefühl* erwerben, haben Sie mit einer dickeren Trense eine bessere Chance, sich mit Ihrem Pferd zu verständigen. (Freilich sollte man auch nicht jene pfundschweren Trensen wählen, die für sehr große, schwere Warmblüter gemacht, aber zu oft auch bei kleineren, zierlicheren Pferden verwendet werden.)

Stangen

Nicht nur Trensen, auch Stangengebisse füllen die Seiten der Kataloge und die Schaufenster der einschlägigen Geschäfte, daß einen die Augen schmerzen vom Hinschauen.

Wilde Zäumungs-Krieger tragen mit «lebenslangen Erfahrungen» hinsichtlich dessen, was für das Pferdemaul das beste ist, zur allgemeinen Verwirrung bei. Der eine ist für Stangen und sagt: «Ich würde immer die Stange empfehlen. Sie ist die beste Zäumung von allen.» Der nächste verachtet die Stange und erklärt: «Ich habe noch nie etwas anderes benutzt, als eine einfache Trense.» Beide sprechen aus jahrelanger Erfahrung im Reiten und Schulen. Sie verkörpern die beiden Meinungen, denen Sie in der Reiterei immer wieder begegnen werden.

Vielleicht kann uns ein weiteres Zitat, diesmal von einem Gebißhersteller, eine klare Schlußfolgerung erleichtern. Er sagte: «Von zwanzig Gebissen, die ich anfertige, sind neunzehn für den Kopf des Reiters und eines für den des Pferdes.»

Das gilt nirgends mehr als bei den Stangen. Entweder entspricht

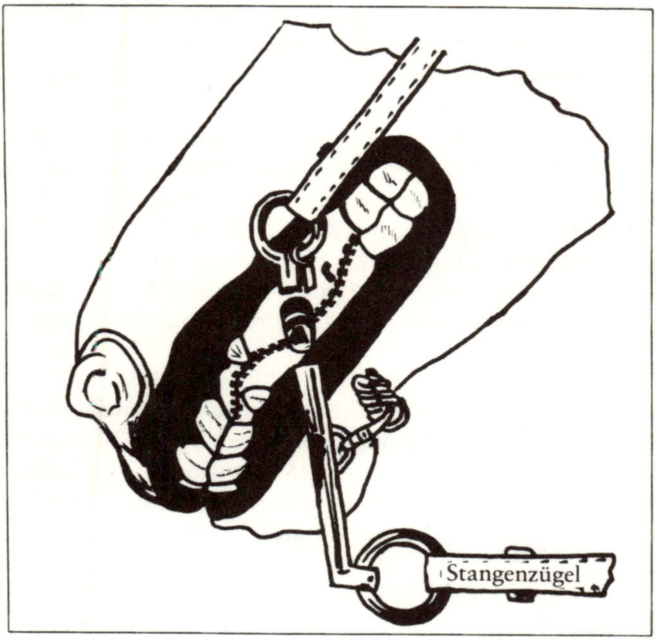
Stangenzügel

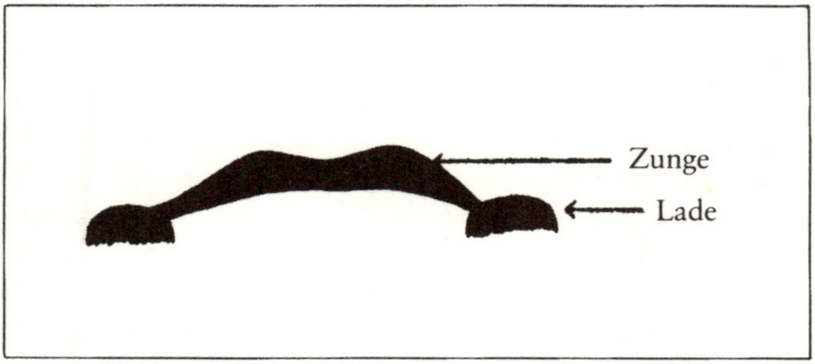
Zunge
Lade

die Form einer Stange ein paar einfachen Regeln, die sich mit reiterlichem Können vereinbaren lassen, oder sie sind überflüssig, wie Sie selbst bald feststellen werden. Einige freilich sind Korrekturgebisse mit außergewöhnlichen Erfolgen.

Wenn in den USA über Stangen gesprochen wird, muß man zwei Arten berücksichtigen: die Stange mit Unterlegtrense (Kandare) und die einfache Stange für Westernpferde.

Im Gegensatz zur Trense mit ihrer direkten Einwirkung besitzen beide Arten von Stangen eine Hebelwirkung. Man nimmt den Zügel weniger an, erzielt aber einen größeren Druck. Außerdem setzt durch diese Hebelwirkung der Druck an mehr als einer Stelle im Maul an.

Bei der *Stange* ist das waagrechte Mundstück an zwei senkrechten Stangen oder Bäumen befestigt, die unterhalb des Maules (Unterbaum oder Anzug) meist doppelt so lang sind wie oberhalb. Eine Kinnkette oder ein Kinnriemen verbindet die Bäume oberhalb des Mundstückes und liegt in der Kinngrube, wo sie als Drehpunkt wirkt.

Zieht man die Unterbäume (an denen die Zügel befestigt sind) zu sich heran, strafft sich die Kinnkette. Und das Gebiß, das vom Kopfstück ziemlich unbeweglich in seiner Lage gehalten wird, übt einen Druck nach unten auf Laden und Zunge aus. Auch im Genick spürt das Pferd einen leichten Druck.

Diese Erklärung ist vereinfacht, weil die Wirkung der Stange von einer Reihe von Unterschieden abhängt: von der Länge des Ober- und des Unterbaumes, der Art des Mundstückes, der Art der Kinnkette und dem Grad der Straffheit. Sie alle können die Intensität des Druckes verändern, der auf die verschiedenen Berührungspunkte einwirkt.

Der beste Weg, eine etwas komplizierte Sache zu begreifen, besteht darin, sie in vereinfachte Teile zu zerlegen. Betrachten wir also zuerst die verschiedenen Mundstücke und die Art, wie sie im Pferdemaul liegen. Die Abbildung auf Seite 97 zeigt, wie eine Stange im Maul liegt. Fleisch, Lippen und Wangen wurden weggelassen, damit man besser sieht, welcher Teil des Pferdemauls betroffen ist. Meist liegt die Stange halbwegs zwischen den Maulwinkeln und den Schneidezähnen.

Die Laden sind der zahnlose Teil des Unterkiefers. Die Zunge

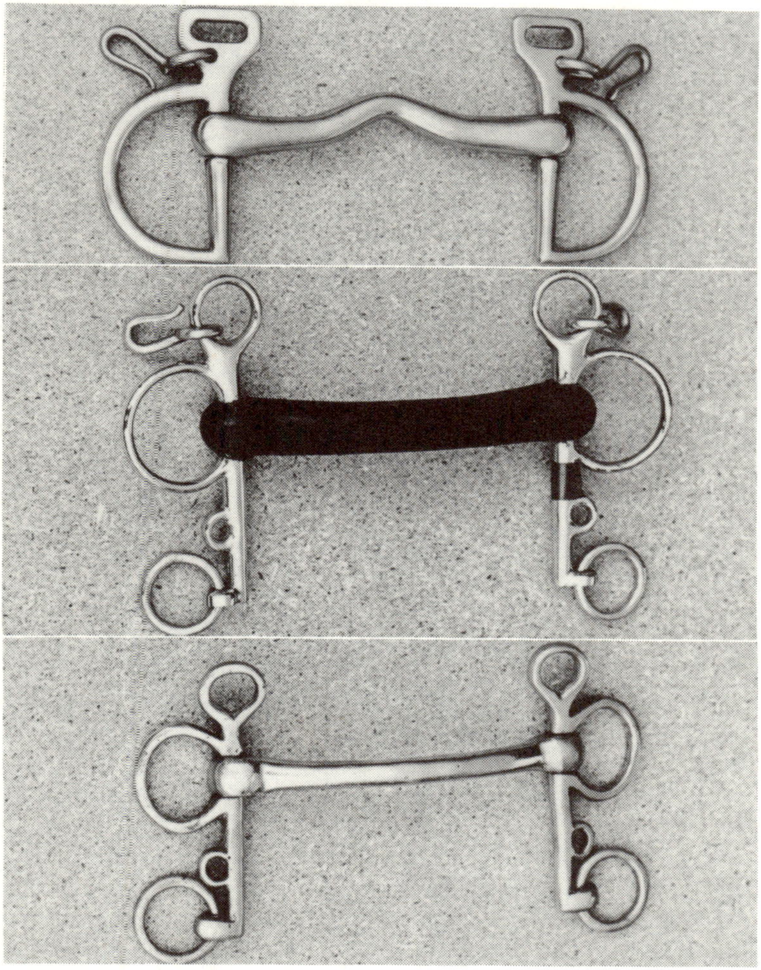

Abb. 28. Gebräuchliche Stangengebisse, von oben nach unten: Kimblewick oder Springkandare, eine Unterart des Pelhams. Bei tiefer Hand rutschen die Zügel ans Ende des D's und üben eine leichte Hebelwirkung auf den Kopf aus. Infolge der viereckigen Öffnung zum Einschnallen der Backenstücke kann sich das Gebiß nicht drehen; das Genickstück drückt auf das Genick, das Pferd muß den Kopf senken. (Es ist ein nützliches Gebiß, wenn man einfach «mal wechseln» möchte.)
Gummipelham.
Pelham. Unbedingt zu beachten: nur Pelhams mit ungebrochenem Stangenmundstück sind milde! Allenfalls kann die Stange noch mit einer ganz leichten Zungenfreiheit versehen sein. Pelhams mit gebrochenem Mundstück und/oder längeren Anzügen sind hart und haben eine böse Nußknacker-Wirkung!

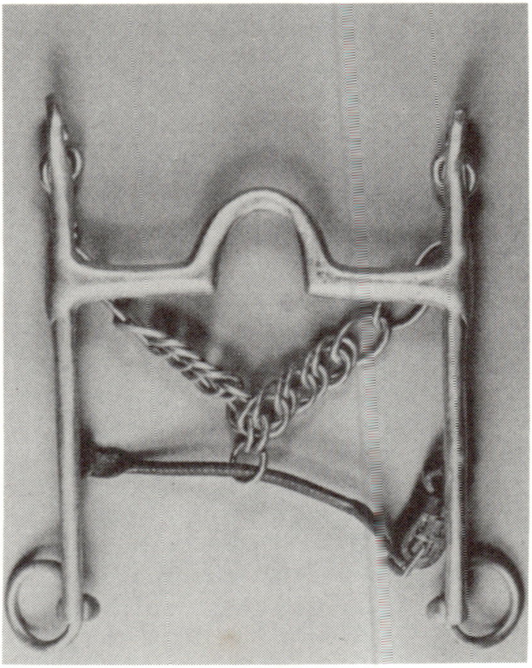

Abb. 29. Stange mit hoher Zungenfreiheit. Obere Bäume zu eng und untere Ecken der Zungenfreiheit viel zu scharfkantig.

wird durch die punktierte Linie angedeutet. Die untere Abbildung zeigt eine andere Ansicht – so, als schaue man direkt in den Mund und sehe nur Laden und Zunge. Die Zunge liegt zwischen den beiden Laden und bildet einen leichten Bogen.

Laden und Zunge sind die zarten, empfindlichen Flächen, die das Gebiß spüren. Technisch gesehen ist dasjenige Gebiß ideal, das die Form des Pferdemauls wiederholt und den Druck gleichmäßig auf Laden und Zunge verteilt.

Abbildung 30 zeigt eine Stange, die diesem Prinzip weitgehend entspricht. Die Zunge liegt bequem unter der Zungenfreiheit (dem geschwungenen Teil), während der gerade Teil des Mundstücks lang genug ist, um sanft auf den Laden aufzuliegen. Dies ist eine milde Stange. Ein Annehmen des Zügels wird vom Pferd auf der

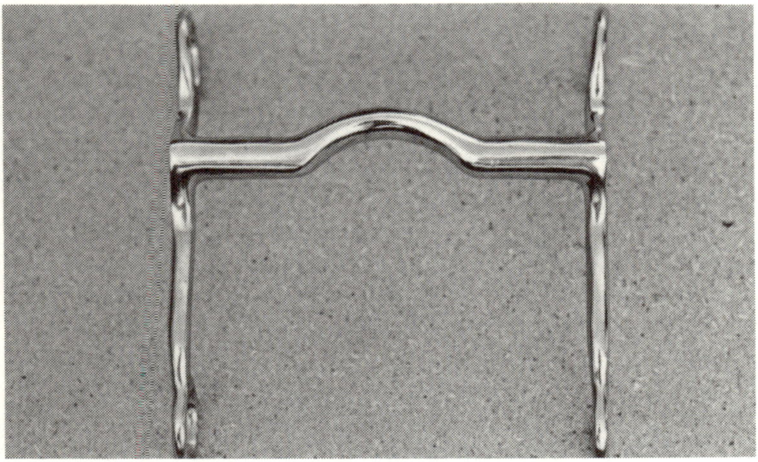

Abb. 30. Eine Stange mit leichter Zungenfreiheit und starren Stangen. Sie liegt der Zunge weich auf, der Druck wird gleichmäßig auf die Laden verteilt. Es ist eine sehr milde Stange.

Zunge und auf den Laden gespürt, und der Druck verteilt sich über die ganze Maulbreite. (Gelegentlich sieht man dieses Mundstück auch mit leicht nach unten geschwungenen Seitenteilen, die vermehrt auf die Laden drücken. Der einzige Platz für solch ein Gebiß ist der Mülleimer.)

Betrachten wir nun zwei Extreme dieses idealen Stangengebisses, die Stange mit gebogenem Mundstück (oben) und die Stange mit hoher Zungenfreiheit (Abb. 29).

Die Stange mit dem gebogenen (oder geraden) Mundstück ist keineswegs, wie oft fälschlich angenommen, eine harte Zäumung. Wie Sie sehen, ruht dieses Gebiß hauptsächlich auf der Zunge und übt auf die Laden nur leichten Druck aus. Stellen Sie sich bitte vor, wie – wenn der Zügel durchhängt – die Zunge das Mundstück leicht hochheben und die Laden vom Druck befreien kann. Werden die Zügel leicht angespannt, kann die Zunge das Mundstück nicht so leicht anheben und die Laden spüren ein wenig Druck. Harte Hände würden der Zunge zu wenig Spielraum lassen, so daß dem Pferd nichts anderes übrigbliebe, als das Maul aufzusperren, als ob man es mit einem Stemmeisen aufbräche. Das ist einer der Gründe, warum diese Zäumung nicht sehr gebräuchlich ist, zumindest nicht in der Reitschule, wo ein offenes Maul geradewegs zur Verwarnung führt. Man kann daran jedoch besonders gut erkennen, wie sanft und wie hart ein Gebiß wirken kann, je nachdem, ob man dem Pferd ein Zeichen geben oder es mit Gewalt zwingen will.

Von der Funktion her ist die Stange mit hoher Zungenfreiheit die schärfere Zäumung, da der Druck die Laden eher erreicht. Die Zunge wird nämlich in die Zungenfreiheit hineingezogen, wenn sie versucht, das Mundstück von den Laden abzuheben.

Nun sind diese Bemerkungen darüber, welches Gebiß wieviel Druck ausübt, nicht absolut. Sie sind deswegen relativ, weil der Druck davon abhängt, wie stark Ihre Hände an den Zügeln ziehen. Wenn Sie beim ersten hier besprochenen Gebiß (mit der flachen Zungenfreiheit) stärker an den Zügeln ziehen, ist die Wirkung nicht so streng wie beim gerade erörterten (mit der hohen Zungenfreiheit). Darüberhinaus würde das Pferd den vermehrten Druck im ersten Fall hinnehmen, weil diese Form ihm immer noch einige Erleichterung gewährt. Bei der hohen Zungenfreiheit würde sich bei vermehrtem Druck das Mundstück in die Laden pressen und dem Tier Schmerzen verursachen. Wenn Sie die Gebißwirkung verstehen, wissen Sie aber auch, daß Sie mit der hohen Zungenfreiheit den gleichen milden Effekt erzielen können, wenn Sie die Zügel entsprechend weniger anfassen. Damit wird einmal mehr betont, daß es bei einem guten Reiter weniger das Gebiß als um die *verständnisvolle Hand* geht, die sich den verschiedenen Gebissen anpaßt.

Die hohe Zungenfreiheit ist sehr wirkungsvoll. Wenn Pferde eine Weile mit einer milden Zäumung geritten worden sind, werden sie manchmal nachlässig, und ein Wechsel des Gebisses kann ein kleines Wunder bewirken. Die hohe Zungenfreiheit kann das Pferd wieder aufmerksam machen und es daran erinnern, wieder auf die Reiterhand zu achten.

Wichtig ist, daß die Zungenfreiheit (besonders die hohe) nicht zu eng ist. Eine enge Zungenfreiheit ist für das Pferd sehr unangenehm, weil sie die Zunge einklemmt. Ebenso wichtig ist, daß die Ecken, an denen die Wölbung der Zungenfreiheit beginnt, gut abgerundet sind. Die in Abbildung 29 gezeigte Stange hat viel zu scharfe Ecken, die in die Zunge einschneiden können, zumindest aber für das Pferd sehr unangenehm sind.

Ein Neuling, der eine Stange aussucht, denkt, daß er mit langen Anzügen mehr Hebelwirkung erzielt, und daß, umgekehrt, die Stange desto weicher wirkt, je kürzer die Anzüge sind. Diese Einschätzung ist auch nicht falsch. Wenn die Länge der Anzüge und die Hebelwirkung im richtigen Verhältnis stehen, entspricht die Länge des Anzugs etwa der Breite des Mundstücks. Noch längere Anzüge erhöhen die Hebelwirkung, weil die Kinnkette ohne weitere Kraftanwendung der Hand stärker angespannt wird. Entscheidend hierbei ist, daß der Oberbaum mindestens drei Zentimeter lang ist, damit die Kinnkette nicht an den Maulwinkeln kneift. Wenn Sie sich die Pferdelippen genau ansehen, werden Sie feststellen, daß sie an den Maulwinkeln leicht nach außen gewölbt sind. Aufgescheuerte Stellen sind ein sicheres Zeichen dafür, daß die Kinnkette nicht richtig sitzt.

Abb. 31. Seitliche Ansicht einer Stange mit S-bögig geformten unteren Anzügen und zurückgebogenen oberen Anzügen.

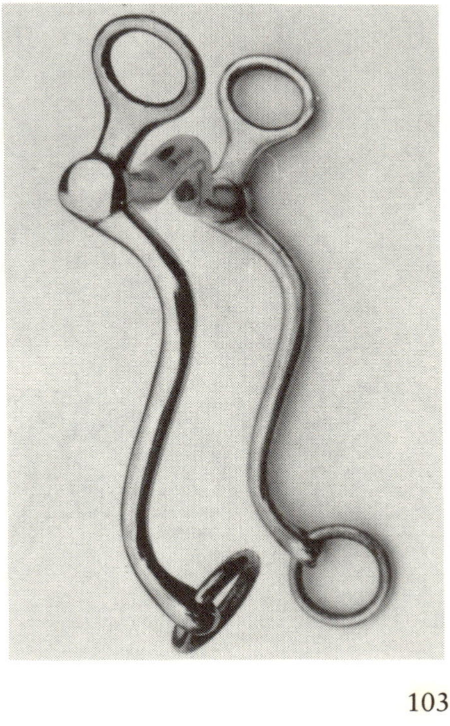

Nun zu einer Sache, die vielleicht schon beleidigend simpel ist. Ich möchte aber ganz sicher gehen, daß die Wirkung der Kinnkette wirklich verstanden wird. Wenden wir uns also der Bewegung des Stangenmundstücks im Maul zu.

Die Zügel sind an den Ringen am unteren Ende der Anzüge befestigt. An den Backenteilen des Kopfstückes, in die das Gebiß eingeschnallt wird, befinden sich auch die Haken für die Kette, einer an jeder Seite. Wenn man die Zügel anzieht, wird genau genommen nicht das Gebiß nach hinten gezogen, sondern der Oberbaum bewegt sich nach vorn und mit ihm die Haken für die Kinnkette. Dadurch wird die Kinnkette gespannt, was dazu führt, daß das Mundstück innen im Maul anliegt.

Bei der *Kandare* mit Unterlegtrense befinden sich an der Stange etwa auf der Hälfte der Anzüge kleine Öffnungen, durch die ein dünner Lederriemen geführt wird. Dieser Lederriemen, der soge-

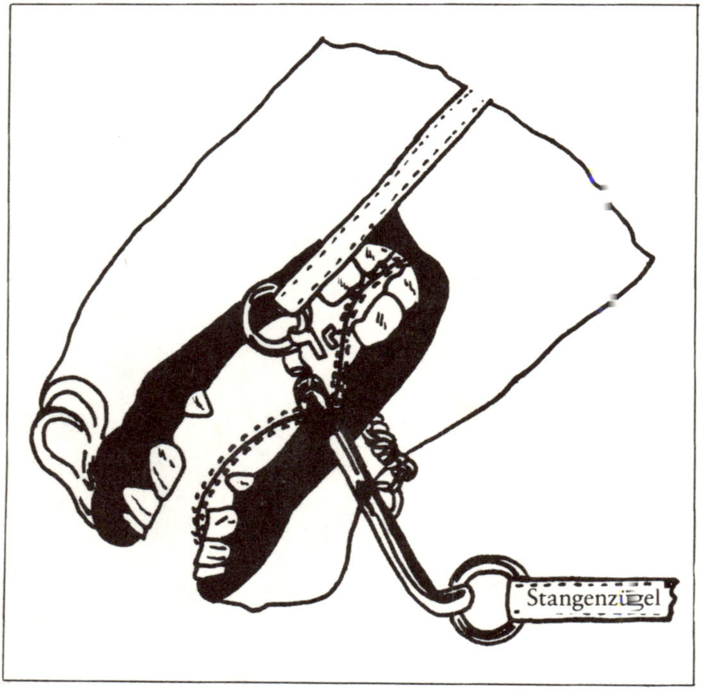

nannte Kinnkettenriemen, geht außerdem durch das zusätzliche, mittlere Glied der Kinnkette und verhindert, daß diese aus der Kinngrube zu weit nach oben rutscht und am Kieferknochen scheuert. Außerdem können die Pferde dann nicht der ärgerlichen Angewohnheit frönen, mit den Lippen an den Anzügen herumzuspielen. Und die Kinnkette geht nicht so leicht verloren!

Die Bedeutung des Kinnriemens und der Kinnkette wird bei den Überlegungen zu Zäumung meist außer acht gelassen. Es kommt gar nicht so selten vor, daß Reiter auf der Suche nach einer Lösung für die Maulschwierigkeiten ihres Pferdes ein Gebiß nach dem anderen ausprobieren, während die ganze Zeit die Kinnkette das eigentliche Problem darstellt. Sie ist entscheidend für die richtige Zäumung.

Soviel ich weiß, gibt es sechs Typen von Kinnketten oder -riemen (S. 106), aber alle üben die gleiche Funktion aus. Die einfache und die doppelte Kinnkette sind aus Metallgliedern gemacht. Die einfache Kette drückt sich mehr ein als die doppelte. Kinnriemen aus Leder sind weniger scharf, und die langen Kinnhaare bleiben nicht so leicht darin hängen. (Am schlimmsten bleiben sie in der einfachen Metallkette hängen; man sollte dann einen Kinnriemen aus Leder oder Nylon wählen.)

Es gibt auch Kombinationen von Leder und Kette, wobei entweder die Enden aus Leder und die Mitte aus Kettengliedern bestehen oder die Enden aus Kettengliedern und die Mitte aus Leder. Dieses Mittelstück ist oft aus besonders breitem Leder, so daß sich der Druck über einen größeren Bereich verteilt. Nicht allen Pferden ist dieses breite Lederstück angenehm; besonders bei Pferden mit kurzen Köpfen rutscht es leicht nach oben und reibt an den Kinnknochen. Mir selbst ist ein Kinnriemen aus elastischem Nylon am liebsten. Wegen seiner Fähigkeit zum «Nachgeben» – und dieses «Nachgeben» ist so wichtig bei allem, was mit dem Pferdemaul zu tun hat – wünschte ich, er würde viel mehr benutzt.

Denken Sie daran, bei Maulschwierigkeiten Ihres Pferdes immer erst die Kinnkette oder den Kinnriemen zu überprüfen, ehe Sie sich entschließen, das Gebiß auszuwechseln. Und wenn es darum geht, die Wirkung der Zäumung zu verändern, läßt sich der Druck dadurch steigern oder mindern, daß man die Kette (oder den Riemen) wechselt. Wenn Sie zum Beispiel eine weiche Stange mit

Kinnketten und -riemen

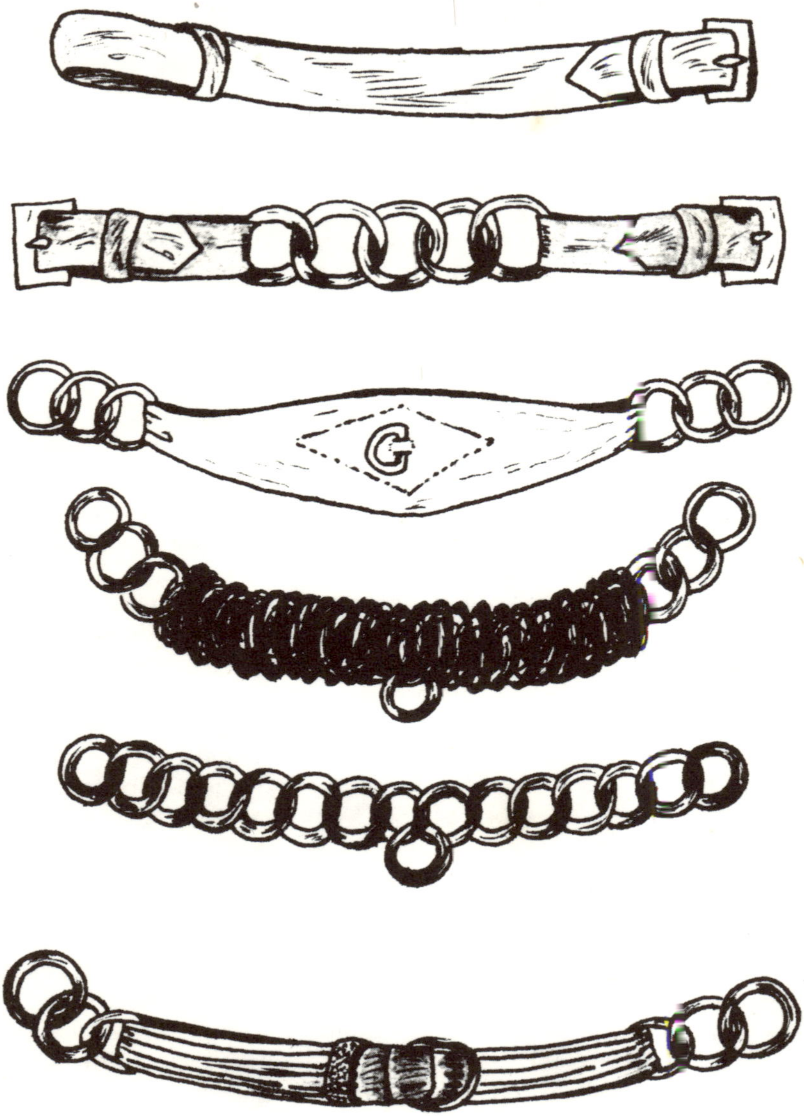

einer doppelten Kinnkette haben, auf die das Pferd nicht so reagiert, wie es sollte, versuchen Sie es einmal mit einer einfachen Kinnkette. Oder nehmen Sie eine doppelte, wenn Sie bisher einen Lederriemen benutzten. Wenn das Pferd trotz eines weichen Gebisses überempfindlich im Maul reagiert, sollten Sie auf jeden Fall einen elastischen Kinnriemen ausprobieren.

Wie Sie sehen, braucht man nicht immer nur nach der stärkeren Stange zu greifen oder – noch schlimmer – die Kinnkette enger zu machen. Ich weiß, daß diese Praxis üblich ist und ein Pferd auch wieder aufmerksam machen kann. Bei einer zu straff gespannten Kinnkette verliert aber die Reiterhand die Fähigkeit, mit feinsten Druckunterschieden zu arbeiten.

Die Kinnkette sollte so eingehängt sein, daß sich das Gebiß um etwa 45 Grad drehen kann, ehe sich die Kette spannt (Abb. S. 104). Dazu müssen Kinnkette oder -riemen bequem in der Kinngrube liegen und so weit sein, daß noch zwei Fingerspitzen zwischen Kette (Riemen) und Kinngrube stecken kann. Wenn sie zu straff ist, wirkt sie bei der leisesten Zügelbewegung sofort ein. Wenn sie zu lose ist, macht sie die Wirkung der Stange zunichte; das Gebiß rutscht im Maul nach oben, und der Reiter muß erst einen halben Meter Zügel «einholen», ehe das Gebiß auf das Pferdemaul einzuwirken beginnt.

Durch diesen Spielraum von 45 Grad kann das Pferd einen Druck unterm Kinn schon ahnen, wenn der Zügel nur leicht verkürzt wird, bevor noch die Kinnkette wirklich einwirkt. *Glauben Sie mir, das Pferd spürt sie und gibt, wenn gut geritten, im Genick nach, um dem Druck der Kinnkette auszuweichen.*

Bei den *Stangen der Westernpferde* gibt es größere Abweichungen. Sie sind ein Studium für sich; von der einfachsten Stange bis zu verzierten, mit Silber eingelegten Gebissen und vielen Arten von Zungenfreiheit und Anzügen ist alles vorhanden.

Bis auf wenige Ausnahmen gleichen die Mundstücke einander. Da gibt es die einzigartige Erfindung des «Spade-bit», eines oft verteufelten, in Wirklichkeit aber ganz hervorragenden Gebisses, das dem auf Westernart gerittenen Pferd blitzschnelle Reaktionen und Bewegungen erlaubt. Es eignet sich allerdings gar nicht für Anfänger und rohe Pferde und verlangt eine große Feinfühligkeit

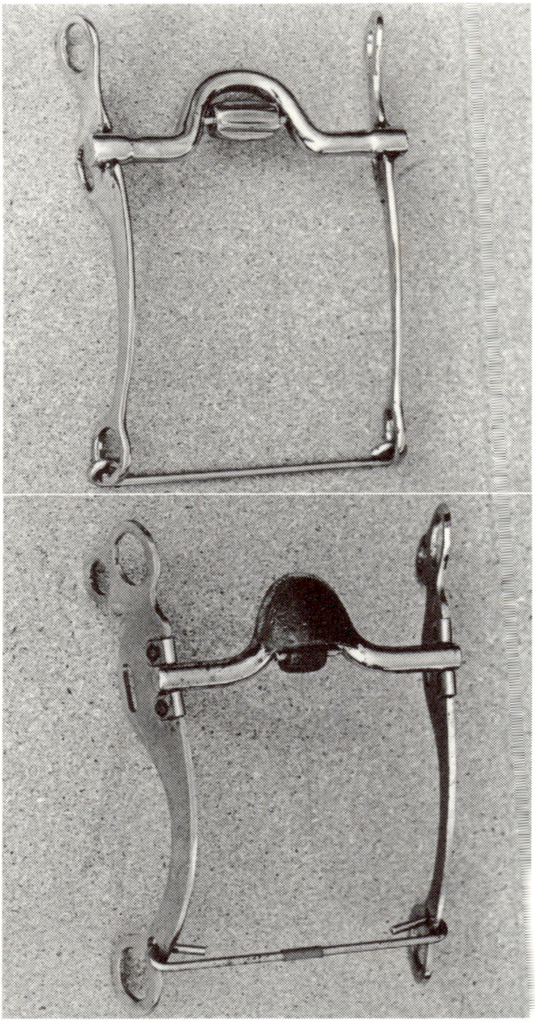

Abb. 32. Zwei Arbeitsstangen, die martialisch aussehen, jedoch von vielen trensensauren Pferden begeistert angenommen werden. Beide haben im Bogen der Zungenfreiheit einen «Roller» aus Kupfer, die untere darüber ein «Hütchen» aus Kupfer. Sie regen das Pferd zum Spielen und Einspeicheln an, halten das Maul feucht und das Pferd aufmerksam. Sie sollten mit Doppelzügeln geritten werden, von denen der obere die mildere Wirkung hat.

in der Handhabung, die man am besten von jemandem erlernt, der jahrelange Erfahrung mit diesem Gebiß besitzt.

Eine weitere Neuerung der Westernstange ist das Mundstück mit der Kupferrolle. Diese Rolle ist melonenförmig, gezackt und dreht sich auf einer dünnen Stange innerhalb der Zungenfreiheit. Sie macht das Gebiß nicht schärfer; die Pferde spielen meist gern damit, und die Folge davon ist ein entspanntes und feuchtes Maul. Die Rolle muß ziemlich groß sein, sich leicht drehen und ziemlich *tief im Mundstück* liegen.

Die Bäume (Anzüge) an Westernstangen können fest, aber auch beweglich sein. Bei letzteren kann sich das Mundstück an den Bäumen gerne etwas auf und ab bewegen, was die Wirkung mildert. Noch wichtiger: bei guten Stangen sind die Oberbäume leicht nach außen gebogen und passen sich dem breiter werdenden Kopf des Pferdes dort an, wo das Gebiß am Kopfstück befestigt ist. Es verhindert das Eindrücken beim Annehmen des Gebisses. Gleichzeitig wird durch diese Form die Kinnkette von den Maulwinkeln ferngehalten. Auf diesen Aspekt der Kinnkette habe ich zwar schon hingewiesen, eine Wiederholung kann jedoch nicht schaden. Wenn Sie eine neue Stange anpassen, stellen Sie sich immer neben den Pferdekopf, und nehmen Sie die Zügel so an, daß die Stange ansteht. Achten Sie darauf, daß die Kinnkette dabei auf keinen Fall mit den Maulwinkeln in Berührung kommt.

Bei manchen Westernstangen stehen die Oberbäume weiter auseinander und haben eine spezielle Öffnung für die Kinnkette, um diese von den Maulwinkeln fernzuhalten. Bei den meisten Pferden müßten etwa drei Zentimeter lange Oberbäume schon genügen, damit die Kinnkette nicht kneifen kann. Seien Sie aber vorsichtig bei jedem Gebiß mit kurzen Oberbäumen (oder solchen, bei denen das Mundstück unmittelbar am Kopfstück befestigt ist). Diese Art kneift wirklich, und ein kurzer Oberbaum vergrößert die Hebelwirkung ganz unnötig (Abbildung S. 110).

Die Unterbäume oder Anzüge können gerade oder nach hinten geschwungen sein. Leicht nach hinten geschwungene Anzüge vermindern die Hebelwirkung und machen es manchen Pferden unmöglich, mit den Lippen an den Anzügen herumzuspielen. Das «Grazer-bit» aber mit seinen extrem eckig zurückspringenden Anzügen hat für die Ausbildung eines Pferdes am wenigsten

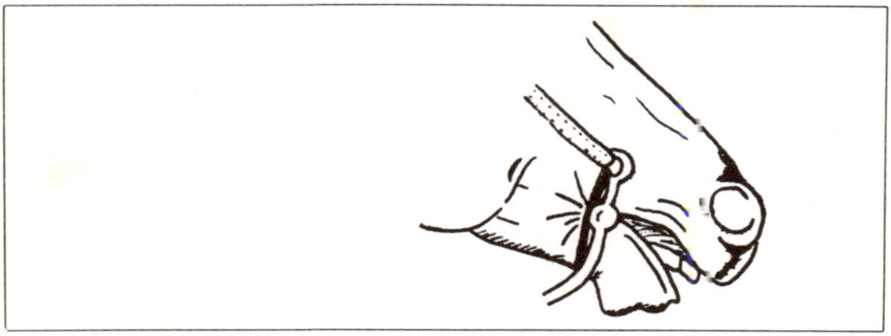

Wirkung. Zum Spazierenreiten genügt es jedoch, besonders wenn das Pferd den Kopf hoch am langen Hals tragen soll. Bei dieser Kopfhaltung liegt das «Grazer-bit» angenehm im Maul. Besteht der Reiter auf mehr Versammlung, fällt das Gebiß gern nach vorn oder rutscht sogar im Maul hin und her. Das ist für das Pferd unangenehm, und außerdem muß man zuviel mit der Hand einwirken, um die Kopfhaltung zu fixieren. Viele «Grazer-bits» sind auch aus Aluminium gemacht, einem Metall, das zu leicht ist und zu einer harten Reiterhand führen kann. Man sollte sie nicht kaufen.

Gewicht verleiht dem Gebiß nämlich Stabilität im Maul; es ist «gefühliger» für den Reiter wie auch für das Pferd. Glauben Sie also nicht, ein leichtgewichtiges Gebiß aus Aluminium sei weniger scharf. In Anbetracht der Schwere eines Pferdekopfes fällt der Faktor Gewicht überhaupt weg. Die Schwere des «Spade-bit» ist einer der Gründe für die wunderbare Leichtigkeit des darauf trainierten Pferdes. Um das Gebiß bequem zu tragen, gibt das Pferd – unterstützt von der empfindsamen Reiterhand – nach, und das Gebiß liegt weich und angenehm im Maul.

Pelhams

Das Pelham gehört in die eigenartige Kategorie des «weder Fisch noch Vogel», erfreut sich aber dennoch großer Beliebtheit. Wie schon gesagt, vereinigt ein Pelham die Wirkung der Trense und der Stange in *einem* Gebiß. Das bedeutet, daß es weder die

Wirkung der Trense noch der Stange allein hat und anders wirkt als eine Kandare mit Unterlegtrense.

Das Gebiß soll wie eine Trense wirken, wenn die Trensenzügel angenommen werden, und wie eine Stange, wenn die Stangenzügel angenommen werden. Tatsächlich wird durch die Stangenzügel die Kinnkette angespannt, während sich das Mundstück wenig bewegt. Ein Pelham mit längeren Anzügen besitzt daher zwar wirklich mehr Hebelwirkung, aber durch vermehrten Druck auf Kinngrube. Das läßt viele Leute denken, das Pelham sei eine milde Zäumung. Im allgemeinen ist es das auch, aber die Kinngrube kann leicht verletzt werden.

Das ist nicht das einzige Problem beim Pelham. Wenn man das Mundstück so hoch in den Lippenwinkeln verschnallt wie eine Trense, liegt es zu hoch, um als Stange zu wirken. Schnallt man es aber tiefer, so daß es wieder die Wirkung einer Stange hat, geht die Trensenwirkung etwas verloren. Ein Neuling muß schon sehr geschickt mit den Zügeln umgehen können, wenn er das Pelham nur als Trense benutzen und die Mitwirkung der Stange ausschalten will. Und das alles bei einem Gebiß, das oft als ideal für Anfänger gepriesen wird, damit sie eine gute Hand bekommen, oder für Hände, die für die Stange als zu hart gelten.

Vielleicht macht gerade dieser Widerspruch das Pelham milde, da es vielen Reitern und Pferden gute Dienste leistet. Vielleicht liegt es auch daran, daß das Pelham sich besonders für Pferde mit kurzer Maulspalte eignet, die Gott, wie es so schön heißt, besonders geliebt haben muß, weil er so viele davon geschaffen hat. Hoch im Blut stehende Pferde scheinen eher eine lange Maulspalte zu haben. Und während solche Pferde ganz zufrieden auf Kandare mit Unterlegtrense gehen, würde ihnen ein Pelham wahrscheinlich ziemlich unangenehm sein. Bei ihnen liegt das Pelham gern zu hoch im Maul, so daß die Kinnkette aus der Kinngrube heraus- und an die Ecken des Kieferknochens hochrutscht.

Bei einem Pferd mit wundem Maul oder einem, das infolge schlechter Behandlung Angst vor dem Gebiß hat, wird das Pelham oft mit einem Mundstück aus Hartgummi oder einer gebogenen Stange verwendet. Wie das «Grazer-bit» ist dies keine ideale Zäumung für die Ausbildung des Pferdes. Als heilende, beruhigende Zwischenstufe bei einem verwundeten Maul eignet es sich jedoch gut. Reiter und Pferde, denen dieses etwas «widersprüchliche» Gebiß liegt, kommen auch gut mit diesen Stangen zurecht. (In Europa werden überwiegend – aus Unverständnis für die Wirkung – Pelhams mit *gebrochenem* Mundstück angeboten. Wer diese Ausführungen aufmerksam gelesen hat, weiß, wie *verheerend* die Wirkung im Maul ist: Wird der Zügel angenommen und die Kinnkette gestrafft, so *zerquetschen* die beweglichen Teile des Gebißes buchstäblich die Zunge! Der Autor spricht hier *ausschließlich vom Pelham mit ungebrochenem Stangenmundstück*, und nur dieses ist zu empfehlen. – Anmerkung der Herausgeberin)

Über Gebisse und Zäumungen könnte man endlos weiterdiskutieren, aber das bringt einen erst dann voran, wenn man nach genügend eigener Erfahrung die Feinheiten auf diesem verwirrenden Gebiet der Reiterei besser einschätzen kann. Erst dann weiß man, daß zwar Trensen weicher wirken als Kandaren, eine hohe Zungenfreiheit schärfer sein kann als eine flachere, daß aber keine Regel ohne Ausnahme ist. Und (wie manche Berufsreiter sogar zugeben müssen, wenn man sie geschickt genug ausfragt) einige dieser Ausnahmen lassen sich überhaupt nur durch Ausprobieren feststellen.

Sie müssen verschiedene Gebisse ausprobieren, um eines zu finden, das Ihrem Pferd liegt und ihm angenehm ist. Wenn das Pferd Ihres Freundes gut auf ein bestimmtes Gebiß geht, heißt dies noch nicht, daß auch Ihr Pferd mit diesem Gebiß vor Begeisterung zu tanzen anfängt. Aber wenn Sie für ein Gebiß, das Ihr Pferd mag, einmal das richtige *Gefühl* entwickelt haben, probieren Sie ruhig andere aus und *erfühlen* Sie, wie Ihr Pferd reagiert. Das erweitert Ihr Wissen.

Beobachten Sie auch andere Pferde und Reiter. Schauen Sie sich aufmerksam die Reaktion der Pferde auf verschiedene Zäumungen an – wie sie sich bewegen, Wendungen ausführen, den Kopf tragen und anhalten. Beachten Sie das Ohrenspiel bei der Arbeit. Macht das Pferd einen zufriedenen Eindruck? Wenn nicht – ist die Zäumung daran schuld oder die Reiterhand? Oder was sonst – ein schlecht verschnalltes Kopfstück, ein schlecht sitzender Sattel?

Viele Faktoren können daran schuld sein, wenn Ihr Pferd sauer wird, schlecht geht oder unlustig mitarbeitet. Die meisten erfahrenen Reiter sind sich aber einig, daß die Wurzel dieses Verhaltens meist im Pferdemaul zu finden ist.

Ein «unglückliches Maul» muß indessen nicht immer vom Gebiß herrühren. Bevor Sie es mit einem anderen Gebiß versuchen, sollten Sie die Zähne Ihres Pferdes nachsehen lassen. Die sogenannten Wolfszähne, die genau an der Stelle, an der das Gebiß auf den Kiefer drückt, knapp unter dem Zahnfleisch liegen, können dem Pferd ähnliche Schmerzen bereiten, wie wenn Sie mit dem Fingernagel in Ihr Zahnfleisch drücken. (Kein Wunder, wenn es sich wehrt!) Vielleicht machen auch die Hakenzähne (die hauptsächlich bei männlichen Pferden vorkommen) Kummer. Sie können zu lang sein und sich an der Zunge reiben. Das kommt besonders bei Pferden mit kurzer Maulspalte vor, die wenig Platz für das Gebiß haben, das dann gegen die Hakenzähne schlägt.

Auch die Zunge kann verschieden dick sein, was für die Zäumung wahrscheinlich eine Rolle spielt. Ein Pferd mit dickerer Zunge, das zusätzlich noch eine dicke Westernstange im Maul trägt, macht vor allem, wenn es noch jung ist und die Zähne noch nicht sehr groß sind, das Maul vielleicht überhaupt nicht mehr ganz zu, weil ihm die dicke Stange unangenehm ist. Schwierigkeiten mit den Zähnen oder der Zunge sind nicht gerade die Regel, kommen aber immer wieder vor.

Das milde, richtig angepaßte Gebiß ist für das Pferd am angenehmsten. Fühlt es sich aber wohl, so sind alle Wege der Verständigung zwischen ihm und Ihnen offen. Und von dieser Verständigung aus gelangen Sie vielleicht in jenen erhellenden Zustand, in dem Sie die Zäumung mehr als eine sanfte Lenkung von der Reiterhand zum Pferdemaul ansehen denn als Brechmittel vom Gebiß zur Hand.

8 Die Entwicklung der Gänge

Wenn Sie Pferde in Freiheit auf der Koppel oder auf dem Reitplatz beobachtet haben, waren Sie Zeuge jenes wundervollen Anblicks, der die Jahrtausende alte Leidenschaft des Menschen für das Pferd verständlich macht.

Vor meinen Augen steht das Bild meines Lieblingshengstes, Kreuzung zwischen Araber und amerikanischem Saddlebred, dessen einzige Wonne im Leben es ist, sich frei auf einem großen Reitplatz austoben zu dürfen. Wie er diese Erholung von der Box oder der täglichen Arbeit unter dem Sattel genießt, bietet ein atemberaubendes Schauspiel tierischer Schönheit. Es ist, als sei der Fries eines antiken griechischen Tempels zum Leben erwacht.

Zuerst galoppiert er ein- oder zweimal um den Platz, den Hals gestreckt, die Nüstern gebläht, den Wind riechend. (Der Geruch anderer Pferde bereitet Pferden, besonders einem Hengst, enormes Vergnügen.) Dann prustet er ein paarmal und fällt in Trab; nicht in den gewöhnlichen Trab, sondern in jenen prononcierten, übertriebenen, den nur die freie Äußerung des Überschwangs lebendig macht. Mit gewölbtem Nacken und voll edler Anmut trabt er dahin, als ob jede Berührung mit der Erde ihm einen milden elektrischen Schlag versetzte.

Das Verhalten und die Art, sich zu bewegen, sind bei Pferden ebenso unterschiedlich wie ihre Fellfarbe und entspringen verschiedenen emotionalen Wurzeln. Manche Pferde zeigen, wie mein Lieblingshengst, in der Erregung Bewegungen, in denen sich Gleichgewicht und Versammlung auf nahezu vollkommene Weise vereinen. Bei anderen, die nicht so edler Abkunft sind, fehlt dieser emotionale Faktor, so daß sie eine andere Art von Gleichgewicht zeigen. Das Gewicht liegt bei ihnen auf der Vorhand. Und ihrem Schritt, Trab und Galopp fehlt nicht nur der hinreißende Schwung, sie halten auch Hals und Kopf lang ausgestreckt.

Machen Sie es sich zur Gewohnheit, wo irgend möglich Pferde in Freiheit zu beobachten. Abgesehen von dem Vergnügen des Zuschauens gibt es auch viel zu lernen. Wenn man studiert, wie sie sich in allen Gangarten bewegen, das Gleichgewicht verlagern, um zu wenden, anzuhalten oder die Gangart zu wechseln, kann man genau sehen, wie jedes Pferd einen distinktiven, ganz eigenen Stil der Bewegung hat. Selbst Pferde, die wir unter dem Sattel als ungeschickt empfinden, bewegen sich ohne Reiter gewöhnlich mit einer gewissen Geschmeidigkeit und Geschicklichkeit. Vieles von dem, was Sie da beobachten, versucht die Ausbildung zu wiederholen – oft zu verbessern –, von einer einfachen Wendung im Schritt bis zu den schwierigsten Lektionen der Hohen Schule.

Beschäftigen wir uns noch etwas näher mit diesen Gedanken, damit wir erkennen, daß das natürliche Gleichgewicht des Pferdes in Freiheit nicht nur sehr erhebliche individuelle Unterschiede aufweist, sondern auch individuelle Ausbildungsmethoden empfiehlt.

Am einen Ende des Spektrums haben wir den Hengst, der sich einer Stute nähert. Leidenschaft ist das emotionelle Schlüsselwort: jeder Muskel des Hengstes ist gespannt. Er wiehert leise, hebt den Kopf, wölbt den Nacken und nähert sich vorsichtig der Stute. Stimuliert wird er von Erregung und zugleich Vorsicht. So ist sein Gang feurig und leicht, angetrieben von einer aktiven Hinterhand, aber auch gezügelt, voll gesammelter Energie und in schönem Gleichgewicht, während die Hufe in gleichmäßiger Kadenz sich bewegen, als tanze er auf den Zehenspitzen. Der Vergleich mit der Passage, einer der schwierigsten Dressurlektionen, liegt nahe.

Nun bekommt die Stute Angst. Sie warnt den Hengst. Sofort verdoppelt er seine Vorsicht. Aber die Erregung verläßt ihn nicht. Er wird langsamer, stoppt vielleicht das Vorwärtsgehen, aber ohne daß seine Beine ihren nervösen, ungeduldigen Takt verlieren: so sieht die Piaffe aus, der Trab auf der Stelle.

Selbst Capriole und Courbette, heute durch die Vorstellungen der Spanischen Reitschule überall bekannt, sind Beispiele dafür, wie Pferde in hoher Erregung reagieren. Auch sie resultieren aus einer Verfeinerung des Gleichgewichts, das erst der Reiter vervollkommnet hat.

Aber zurück zu meinem Lieblingshengst. Wenn ich ihn frei

laufen lasse, verfolge ich einen doppelten Zweck. Neben dem Vergnügen, ihm zuzuschauen, bietet er auch ein gutes Studienobjekt für Schüler. Bei diesen Gelegenheiten sorge ich immer dafür, daß eine Stute in der Nähe ist. Unfehlbar präsentiert sich der Hengst dann mit dem vorhin beschriebenen Grad von Gleichgewicht und Erregung.

Nach ihm lasse ich einen zehnjährigen Morganwallach laufen. Weder im Trab noch im Galopp (zu dem er meist nur mit ein paar Kieselsteinen auf das Hinterteil zu bewegen ist) zeigt er die Erregung und Brillanz des Hengstes. Das darf man auch nicht von ihm erwarten. Er ist buchstäblich und im übertragenen Sinne ein anderes Pferd. Er ist nicht nur weniger geschmeidig, er macht in seiner ruhigen, ausgeglichenen Art auch normalen, praktischen Gebrauch von seinen Gängen.

Diese Vorführung soll meinen Schülern zeigen, wie offensichtlich undurchführbar es ist, das einem hoch im Blut stehenden Pferd angeborene Temperament bei einem anderen herausreiten zu wollen, dem dies nicht gegeben ist. Schon der Versuch wäre vergeblich, um nicht zu sagen, grausam.

Aufrichtung von einem Pferd zu verlangen, das nicht im Verlauf der Ausbildung langsam gelernt hat, sich auszubalancieren, oder dem Tier soviel Angst und Schrecken einzujagen, daß seine Reaktion nach einem feurigen Temperament aussieht, ist Reiterei auf niedrigstem Niveau. Traurigerweise werden aber viele Pferde mit ausgeglichenem Temperament solcherart auf feurig getrimmt.

Meine Schüler sahen das auch immer schnell ein, wenn sie die beiden Pferde beobachtet hatten. Oft hatten sie jedoch falsche Ansichten über die Ausbildungsmöglichkeiten beider Pferde. Fast immer waren sie sich einig, daß der Hengst mit seiner Geschmeidigkeit und natürlichen Energie aufregender zu reiten und leichter auszubilden sei. Sie hatten recht und wiederholten nur, was der Comte d'Aure, ein bedeutender französischer Reiter des vorigen Jahrhunderts, schon gesagt hat: daß ein edel gezogenes, temperamentvolles Pferd das Reiten leichter mache.

So gut ich die Begeisterung meiner Schüler für den Hengst und ihren Glauben, daß er ein Naturtalent sei, auch verstehen konnte, so falsch war ihre Auffassung, daß sich diese Art Pferd auch am besten dazu eigne, geschult zu werden.

Ein Pferd, das sich von Natur aus zur Schulung anbietet, ist deswegen keinesfalls auch *leicht* auszubilden! Und ich warne meine Schüler nicht nur davor, sich für die ersten Erfahrungen im Ausbilden «zuviel Pferd» zuzulegen, sondern auch davor, daß ein Pferd, das keine Schwierigkeiten zu machen scheint, sehr leicht zugrundegerichtet werden kann.

Heißblütige Pferde reagieren schon auf leise Andeutungen. Bei ihnen ist das Überzeugen mit leichter Hand wichtiger als die Ausbildung *an sich*. Solange man selbst aber noch lernt, neigt man gern dazu, *dauernd etwas tun* zu wollen, weil man nur dann das Gefühl hat, wirklich zu schulen. Und wie ein Pferd durch falsche Ausbildung sauer gemacht werden kann, vermag zuviel Schulung ein Pferd genauso dazuzubringen, sich zu widersetzen und seine Mitarbeit aufzukündigen. Zugegeben, es ist ein fantastisches Erlebnis, ein Pferd mit Schwung und Feuer Ihrem Kommando gehorchen zu sehen. *Aber seien Sie zuvor ganz sicher, daß Sie auch wirklich mit ihm umgehen können!* Sehen Sie sonst nicht auf das durchschnittliche, sanftmütige Pferd herab. Es macht vielleicht nicht soviel her, wie Sie es gern hätten, damit Ihre Talente im besten Licht erscheinen, aber dafür bietet es vielleicht genau die Herausforderungen und Vorteile, die Ihnen beim Erlernen der Grundlagen helfen – und verzeiht noch einige Fehler dazu!

Sicher können Sie von Turnieren bis zu Reitschulen Dutzende von Beispielen anführen, wie Anfänger Pferde mit viel Feuer in allen drei Gangarten in schöner Versammlung vorstellen konnten. Richtig. Vergessen Sie aber nicht, daß manche temperamentvollen Pferde sehr leicht anzuregen sind und sich durch die Erregung von allein versammeln. Diese Tiere brauchen oft nur sehr wenig Ausbildung, praktisch nur die Grundbegriffe, um ihre Spezialität zu zeigen. Wahres Gleichgewicht und Vielseitigkeit fehlen aber oft.

Vor der Verführung zu Brillanz muß man sich immer in acht nehmen. Manche Pferde haben sie – manchen erzieht man sie vorsichtig und sorgfältig in der Ausbildung an. Nach dieser Ermahnung gehe ich über zur größten Verführung von allen – zur Dressur.

Nichts hat auf Anfänger soviel Einfluß und Anziehungskraft ausgeübt wie die eleganten Vorführungen auf dem Dressurviereck und die Hohe Schule der Spanischen Hofreitschule. Fortgeschrittene Dressur birgt indes in den Händen von Anfängern, die viel zu sehr bestrebt sind, ihrem Pferd die «Haltung eines Dressurpferdes» beizubringen, weit mehr Gefahren als Vorteile. Nur verhältnismäßig wenige Reiter und Pferde sind voll und ganz dafür geeignet, auf höherem Niveau Dressur zu reiten.

Genauer gesagt: *Dressur auf höherem Niveau ist Selbstzweck.* Kunst um der Kunst willen, wenn Sie so wollen. Außerdem ist das voll ausgebildete Dressurpferd (um einer anderen Behauptung, nach der es voller Initiative steckt, entgegenzutreten) in Wirklichkeit weitgehend automatisiert. Seine «Initiative» liegt völlig in der Hand des Reiters; das Tier präsentiert sich in klug organisierter, perfekt gelenkter Unterwerfung unter Takt und Fähigkeiten seines Reiters.

Ich will Dressur auf höchstem Niveau keineswegs herabsetzen. Richtig ausgeführt, ist sie aller Bewunderung wert. Für Neulinge, die angesichts solcher Vorführungen glänzende Augen bekommen, ist diese Art Dressur oft der einzige Ausdruck von Dressur überhaupt. Und das stimmt nicht. Sie ist nichts als eine Fortführung der elementaren Dressur, die durchaus im Bereich auch Ihrer Möglichkeiten liegt. Das ergibt sich ganz klar, wenn Sie Dressur als ein Prinzip begreifen und nicht nur die äußere Form sehen.

Das Wort «Dressur» stammt aus dem Französischen und hatte ursprünglich die Bedeutung von «ausbilden». Im übertragenen Sinn ist damit heute eine Reihe von Übungen gemeint, die dazu dienen, das Gleichgewicht des Pferdes im Sinne des Reiters zu entwickeln und zu beeinflussen, das Pferd geschmeidiger und in allen seinen Gängen rittiger und gehorsamer zu machen. Die Sache hat nur einen Haken, auf den man gar nicht genug hinweisen kann: «Dressur» hat einzig die Qualität der Vorführung zum Inhalt, sonst ist sie keine Dressur.

Für alle Stufen der Dressur gibt es daher Maßstäbe – ob Sie nun ein Pferd auf Trense auf dem Zirkel reiten oder eine Passage auf Kandare vorführen. Dieser Maßstab beruht nicht auf wissenschaftlichen Formeln, denen zufolge die Übungen – sobald das Pferd zwischen Reiterbein und -hand versammelt ist – automatisch abrollen. Dennoch gibt es ein *Etwas,* das dem Maßstab über «Ursache und Wirkung» hinaus Bedeutung verleiht, und das ist des Reiters Beziehung zum Pferd, sein *Gefühl.* Beziehung entsteht

– wie Sie wissen – aus gegenseitigem Vertrauen und Verständnis. Lesen Sie diesen Satz nicht einfach. *Denken Sie darüber nach. Prägen Sie ihn sich ein.*

Diese überaus wichtige Beziehung, dieses Vertrauen und Verständnis muß von Ihnen auf Ihr Pferd übergehen, da dieses von sich aus kaum derartiges anbietet. Beziehung zum und Gefühl für das Pferd trennen den verstehenden Reiter von dem, der nur auf einem Pferd sitzt. Ersterer kommt mit allen Pferden gut aus. Letzterer bereitet den Pferden Probleme.

Während sich Ihre Beziehung und Ihr Gefühl entwickeln, nimmt ganz offensichtlich auch Ihr Geschick zu. Und wenn sich dies alles in der Leistung Ihres Pferdes widerspiegelt, reiten Sie im wesentlichen «Dressur». Lassen Sie sich also nicht von äußerlichen Aspekten der Dressur blenden. *Gemessen wird die Qualität.*

Betrachten wir ein Beispiel. Stellen Sie sich einen Anfänger auf einem gut ausgebildeten Dressurpferd vor. Er oder sie könnte wahrscheinlich ohne allzuviel Unterweisung auf diesem Pferd eine Piaffe reiten. Es wäre aber nur das äußere Erscheinungsbild der Piaffe. Mehr als wahrscheinlich würde es der Bewegung an Takt und Schwung fehlen, vom mangelnden Gleichgewicht ganz zu schweigen, infolge dessen das Pferd sich hinter dem Gebiß «verkriechen» oder sich der Piaffe durch Vorwärtstreten zu entziehen versuchen würde.

In diesem Augenblick ist es sehr wichtig, daß der Reiter Gefühl in den Beinen hat. Auch die Hände muß er *fühlen.* Gewicht, als Hilfe, bedarf ebenfalls des *Gefühls.* Alles dies zusammen erst erwirkt eine möglichst vollendete Piaffe. «Tribünenreiter» blenden das Publikum oft mit dem äußeren Erscheinungsbild einer Piaffe oder sonstiger Lektionen der Hohen Schule (wie es die Zirkusreiter gelegentlich tun). Ein Reiter, der die wahre Bedeutung der Dressur versteht, läßt sich davon aber nicht so leicht täuschen. Und das sollten Sie auch nicht.

Wichtig ist – und ich hoffe, Sie lassen sich bei all Ihren Bemühungen mit Pferden davon leiten – , *wie gut* Sie Ihr Pferd ausbilden. *Ein einfacher Trab, korrekt geritten, ist im reiterlichen Sinne ebenso wichtig wie eine gut ausgeführte Passage.* In der Tat würde dieser Trab, wenn weiterentwickelt, Einfluß darauf haben, *wie gut* die Passage wäre.

Verlieren Sie diesen Gedanken, daß die Qualität der einzelnen Lektionen entscheidend ist, nie aus den Augen. Sie sollten ruhig und im Gleichgewicht im Sattel sitzen, ohne dem Pferd in den Rücken zu fallen, Hände und Schenkel unabhängig voneinander gebrauchen können (da unruhige Hände und Füße unbewußte Bewegungen verursachen, die die Ausbildung stören) und mit genügend Selbstvertrauen reiten, um sich die Arbeit vom Sattel aus zuzutrauen.

Die Arbeit zu Pferd folgt demselben Grundgedanken wie die Longenarbeit ohne Reiter, die dazu dient, Ihnen ein besseres Verständnis dafür zu geben, wie ein Pferd ausgebildet wird. Die folgenden Anweisungen sind aus zwei Gründen nicht als ausführliche Trainingsanleitung gedacht:

1. Je weniger Sie vom Pferd verlangen, solange Sie selbst noch lernen, desto eher werden Sie Erfolg haben, denn das Pferd sieht weniger Anlaß zu Versteifungen und Verspannungen, wenn nicht mehr von ihm verlangt wird, als Sie von einem grundsätzlichen Schritt zum nächsten bewältigen können.
2. Andererseits muß es für Sie aber auch eine Herausforderung bedeuten, diese grundsätzlichen Schritte so vollkommen wie möglich auszuführen, denn man erzielt immer nur dann überdurchschnittliche Leistungen, wenn man die Grundlagen sehr sorgfältig erarbeitet. Die Sorgfalt, die Sie auf das Fundament verwenden, zahlt sich später aus, weil Sie dann den aktiven, bewußten Teil Ihres Gehirns dafür frei haben, sich auf Schwierigkeiten der fortgeschritteneren Ausbildung oder Notsituationen zu konzentrieren, in denen schnelles Handeln notwendig sind.

Im ersten Teil dieses Buches haben Sie durch einfache praktische Übungen gelernt, wie ein Pferd auf die Technik des Überzeugens durch Strafen reagiert, wie es ein Kommando befolgt oder sich widersetzt, wie aus Gewohnheiten eingewurzelte Reaktionen werden und wie es lernt, stimmlich gegebene Kommandos zu befolgen.

Wenn Sie sich diese Grundsätze zu eigen gemacht und Ihre Fähigkeiten durch die Arbeit vom Boden aus verbessert haben, haben Sie größere Fortschritte gemacht als Sie selbst merken.

Vielleicht haben Sie bereits ein sicheres Gefühl für das, was Sie tun, erworben, das bei der Arbeit vom Sattel aus Zinsen trägt.

Haben Sie diese Grundregeln noch nicht gelernt, muß Ihr Pferd ein fauler Nichtsnutz sein (suchen Sie sich ein besseres), oder – was wahrscheinlicher ist – Sie haben das Pferd und sich selbst zu schnell vorangetrieben.

Bei der Ausbildung zu rasch vorwärtszugehen, ist reiner Selbstbetrug.

Viele Pferde, besonders junge, scheinen so rasch zu lernen, daß der Ausbilder sie (oder sich selbst) leicht überschätzt und mit der Ausbildung schneller als ratsam vorangeht. Früher oder später aber stellt sich das als Fehler heraus. Geduld bedeutet nicht nur, daß man sich Zeit nehmen muß, um dem Pferd einzelne Lektionen beizubringen, sondern daß man dem Pferd auch Zeit lassen muß, aufzunehmen und zu verarbeiten, was man ihm beigebracht hat.

Wenn Sie das nicht vergessen, werden Sie hoffentlich auch bei der Arbeit vom Sattel aus *langsam* vorgehen. Konzentrieren Sie sich auf die grundsätzlichen Dinge; vervollkommnen Sie sie, dann werden Sie auch besser verstehen, daß auch das fortgeschrittene Stadium der Schulung nicht schwierig ist und keines komplizierten «Abrakadabra» bedarf.

Eines sehr befähigten Reiters bedarf es allerdings schon, aber das ist etwas anderes. Für die fortgeschrittene Ausbildung oder das, was hier behandelt wird, gelten im wesentlichen die gleichen Regeln: Die Gänge werden zu verschiedenen Graden von Durchlässigkeit entwickelt, die auf der Kontrolle über das Gleichgewicht des Pferdes basieren.

Vereinfachen wir die Sache noch mehr, denn wenn ich ausführe, was das zu erreichende Ziel ist, können Sie Ihren Fortschritt – und den des Pferdes – besser einschätzen und verlieren sich nicht in nebelhaften Allgemeinplätzen.

Das Hauptziel bei der Entwicklung der Gangarten besteht darin, Schritt, Trab und Galopp (resp. Tölt) zum Vorteil des Reiters zu verbessern. Dazu muß das Gleichgewicht des Pferdes andauernd vorsichtig korrigiert werden; *vorsichtig,* um das Pferd nicht in die Defensive zu treiben, die seiner Natur nur zu sehr entspricht.

Als Ausgangspunkt nehme ich einmal an, daß Ihr Pferd alle Lektionen ohne Reiter beherrscht; weiter nehme ich an, daß es sich um ein junges, noch ungeschultes Pferd handelte. Es hat sich durch die Longenarbeit nun eine gewisse Geschmeidigkeit erworben, und Sie haben es einigemale mit einem weichen, dicken Trensengebiß geritten.

Das wäre das Ideal. In Wirklichkeit aber besitzen Sie vielleicht ein Pferd, das schon durch mehrere Hände gegangen ist und gelernt hat, sich zu drücken. In diesem Fall stehen Sie vor besonderen Problemen, die Sie nur mit viel Geduld bewältigen können. Auch hier wäre die Arbeit ohne Reiter nützlich, bevor Sie es unter dem Sattel zu arbeiten versuchen. Sie schafft eine bessere Beziehung zu Ihnen und dem Pferd, und von hier aus würden Sie Gangarten zu entwickeln lernen.

Manche Hufschlagfiguren, besonders Volten, Kehrtvolten, doppelte Kehrtvolten, doppelter Handwechsel, Schlangenlinien und die Acht, sind sehr nützliche Übungen, einem rohen Pferd zum Gleichgewicht unter dem Reiter zu verhelfen.

Außerdem lernt das Pferd durch die dauernden Richtungsänderungen, den treibenden Hilfen des Reiters gehorchend seine Hinterhand vermehrt einzusetzen. Dadurch verlagert sich das Gewicht des Pferdes mehr nach hinten, die Vorhand wird leichter, und Gleichgewicht und Geschmeidigkeit werden verbessert. Sie Ihrerseits lernen, wie Sie die Hilfen geben müssen, damit das Pferd die Übungen möglichst korrekt ausführt.

Am wenigsten Gebrauch machen Sie dabei von den Zügeln. Vergessen Sie die Vorstellung, Sie müßten das Pferd zur Perfektion ausbilden, und denken Sie lieber daran, daß Sie ihm ganz einfach «etwas beibringen». Bei «ausbilden» denkt man gleich auch an «beherrschen» (zu oft mit zuviel Zügeleinwirkung), während «beibringen» mit leichter Hand und wenig Zügel vorstellbar ist.

Während der ersten elementaren Schritte sollten die Zügel leicht durchhängen. Der einzige ständige Druck auf das Pferdemaul entsteht durch das Gewicht der Zügel. Etwaige Richtungsänderungen müssen Sie dem Pferd anzeigen, ohne seine natürliche Kopf- und Halshaltung zu stören.

Nun könnten Sie fragen, wie Sie das Pferd denn lenken sollen, ohne auf sein Maul einzuwirken. Verstehen Sie zunächst, warum

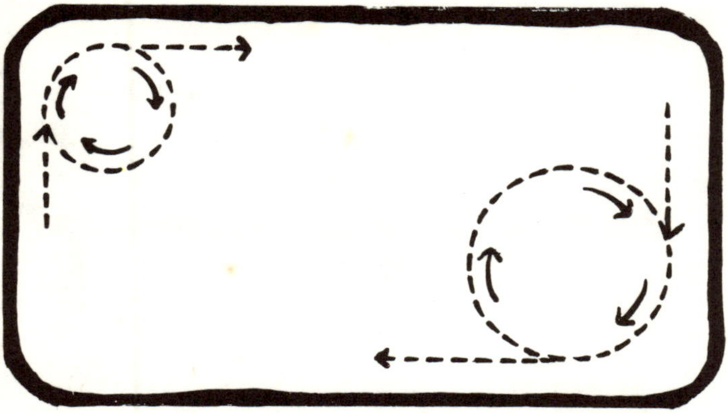

a. Volten

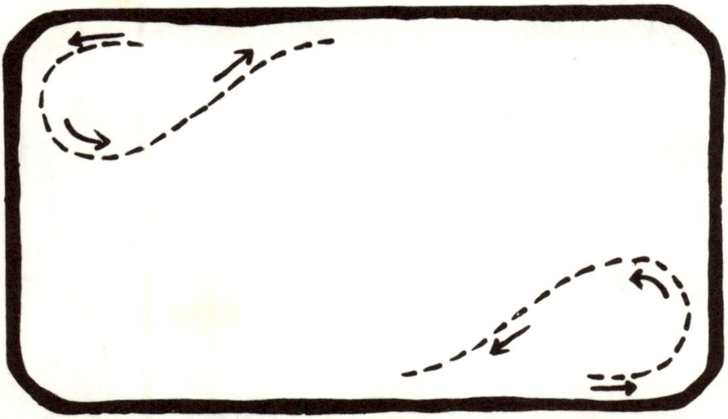

b. Kehrtvolten

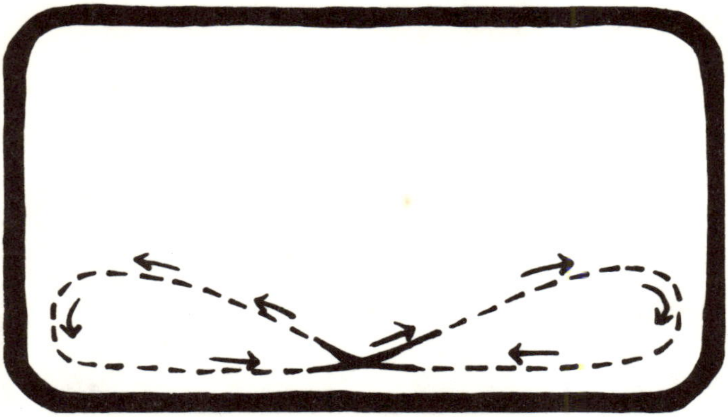

c. doppelte Kehrtvolte

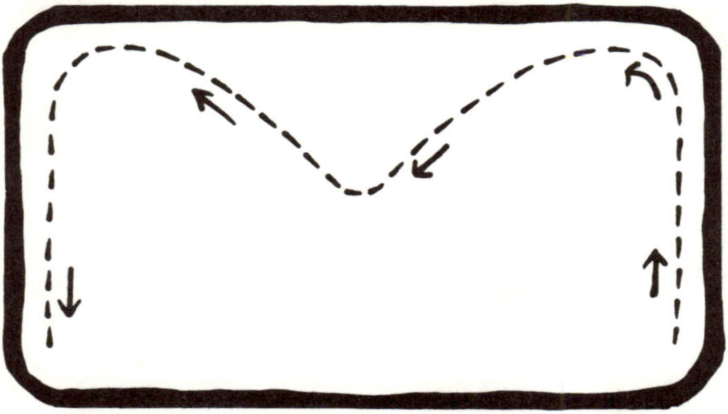

d. doppelter Handwechsel

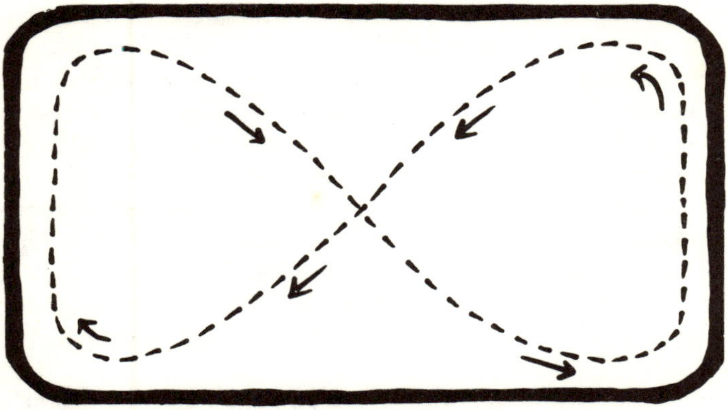

e. Handwechsel durch die ganze Bahn

f. Schlangenlinien

es notwendig ist. Der Versuchung zu widerstehen, sich mehr als zum Lenken des Pferdes unbedingt erforderlich ist der Zügel zu bedienen, bedeutet den ersten Schritt zur Leichtigkeit des Pferdes. Von Leichtigkeit ist in buchstäblich jedem Pferdebuch die Rede, aber sie ist so selten, daß sie ein esoterisches Ideal zu sein scheint. Das ist sie nicht. Sie muß nur – wie alle anderen Aspekte der Reiterei auch – vom Reiter unterstützt und kultiviert werden.

Am besten lenkt man ein Pferd durch kurzes, deutliches Zupfen am Zügel. *Vermeiden Sie längeres Ziehen.* Das würde es nur zum Gegenziehen verleiten und somit eine recht unbefriedigende Anfangsbeziehung zwischen seinem Maul und Ihrer Hand herstellen.

Geben Sie dem Pferd von Anfang an die Möglichkeit zu erkennen, daß es eine Wahl hat: *Wenn es Kopf und Hals ganz natürlich trägt, ist Ihre Hand passiv, und es wird nicht im Maul gestört.*

Zeigen Sie eine Wendung durch ein leichtes Zupfen am entsprechenden Zügel an. Genügt das nicht, spricht das Pferd vielleicht auf zweimaliges Zupfen an. Vielleicht nimmt es aber auch überhaupt keine Notiz davon (solange Sie rücksichtsvoll vorgehen, sollte es ihm allerdings nichts ausmachen). Finden Sie auf jeden Fall heraus, auf welche Zügelhilfe Ihr Pferd am besten reagiert, und beginnen Sie dann damit, diesen Zügeldruck zu verfeinern. Läßt es sich beispielsweise ablenken und dreht den Kopf nach rechts, verstärken Sie den Druck auf dem linken Zügel, bis es den Kopf wieder in die natürliche Haltung bringt. Damit hat es sich selbst belohnt, denn der Druck hört auf, sobald es wieder geradeaus sieht. Wollen Sie nach links abbiegen, lassen Sie den linken Zügel leicht anstehen, bis das Pferd nach links geht. Sofort hört der Druck auf, und das Pferd lernt, daß diese Reaktion eine sofortige Belohnung zur Folge hat. Wenn es erst auf ein Zupfen am Zügel reagiert, dann zupfen Sie – irgendwie jedenfalls müssen Sie sich dem Pferd verständlich machen.

Erfühlen Sie sich den richtigen Weg, aber verlieren Sie Ihr Ziel nicht aus den Augen: *das aus aktiver Hinterhand gehende, mit einem Minimum an Zügelanlehnung durch die Wendungen zu reitende Pferd mit natürlicher Haltung von Hals und Kopf.*

Ich verwende zur Veranschaulichung der folgenden Ausbildungsmassnahmen absichtlich nur wenig Fotos, weil Anfänger nur zu oft zu kopieren versuchen, was sie abgebildet sehen. Und genauso oft entspricht das, was Sie auf der Abbildung sehen, nicht der Ihrem Pferd eigenen Haltung, obwohl Ihr Pferd im Grunde genommen vielleicht ebensogut geht wie das abgebildete Pferd.

Denken Sie daran, daß jedes Pferd sich anders trägt. Nichts wäre schlimmer, als von einem Pferd mit kurzem Hals oder einem Hirschhals die anmutige Kopfhaltung eines arabischen Pferdes zu erwarten. Das arme Wesen bringt das einfach nicht. Außerdem möchte ich, daß Sie das Ihrem Pferd ganz eigene Gleichgewicht (und die daraus folgende Haltung) fühlen lernen; daß Sie die Wirkung auf Ihre Hand *fühlen und erfühlen,* wie es sich anders bewegt. Wenn Sie sich die Mühe machen, zu *fühlen,* und Ihr Pferd nicht mit irgendwelchen Fotos oder lebenden Modellen vergleichen, verspreche ich Ihnen mehr Selbstvertrauen und ständige Weiterentwicklung Ihres eigenen Körpergefühls für das, was für dieses besondere Pferd wichtig ist.

Sicher ist es oft schwierig, das *Gefühl,* auf das es ankommt, zu erwerben, ohne daß ein Ausbilder dabei ist. Vielleicht hilft Ihnen das folgende. Früher oder später werden Sie auf ein Pferd treffen, das kaum einen Huf vor den andern setzen kann, solange es sich vom Stall weg bewegt. Eine Schnecke ist nichts dagegen. Mit knapper Not schafft es einen Kilometer in der Stunde. Sobald es aber wieder in Richtung Stall geht, verwandelt es sich in einen Schnellzug.

Schlimmstenfalls geht es uns richtig durch. Wahrscheinlich aber zieht es nur vor lauter Eifer, in den Stall zurückzukommen, die Hinterbeine tief unter den Körper. Handelt es sich dabei um eine alte Angewohnheit und wurde es immer mit grober Zügeleinwirkung zurückgehalten, beginnt es nun kräftig zu ziehen und verfällt in die gräßliche Pseudo-Gangart des Zackelns. Da sein Maul etwa so empfindlich ist wie ein Stück Holz, schlägt es wahrscheinlich mit dem Kopf. Es ist aufs höchste versammelt – aber ganz verkehrt. Und wenn man mit den Zügeln nachgibt, ist es auf und davon.

Noch bei einem gut gerittenen Pferd ist dieser plötzliche Eifer auf dem Heimweg nicht ungewöhnlich. Das besser ausgebildete Pferd wird jedoch das Untersetzen der Hinterbeine umsetzen in fleißigeres Treten und die einzelnen Tritte zu einem fleißigen, rhythmischen Schritt verlängern. Bei diesem Pferd hat man ein deutliches *Gefühl* von «zusammengenommen». Mit leichtem Kontakt zum Maul folgt die Hand der Bewegung und *fühlt* die leichte Schwingung des Halses, der lang und gerade ausgestreckt ist. Da dieses gut gerittene Pferd empfindlich im Maul ist, behält es seine Geschwindigkeit bei. Ginge man mit der Hand vor und störte dadurch den Kontakt zum Maul, so würde es wahrscheinlich versuchen, ihn durch erhöhte Geschwindigkeit wieder herzustellen. Reichte der Schritt dazu nicht aus, würde es in Trab fallen. Hielte es der Reiter hingegen zurück, würde das Pferd sein Gewicht nach hinten verlagern, die Vorhand erleichtern und in einem gewissen Grad von Versammlung gehen.

Dieser Vergleich soll zeigen, dass im Falle des gut gerittenen Pferdes der durch den Stalltrieb verursachte Schub aus der Hinterhand *sehr leicht zu fühlen ist.* In diesem Ausmaß würde es ihn auf dem Reitplatz wahrscheinlich nie zeigen, weil es dort wirklich keine Veranlassung dazu sieht (außer wenn Sie ihm Beine machen).

Wenn Sie Gelegenheit haben, mit einem gut gerittenen Pferd ins Gelände zu gehen, sollten Sie dies auf jeden Fall tun. Sie können das *Gefühl* für die aktive Hinterhand *erspüren,* wenn es sie auf dem Weg zum Stall von sich aus einsetzt.

Für ein rohes Pferd ist, sobald es elementaren Gehorsam gelernt hat, die Arbeit in unterschiedlichem Gelände von enormem Nutzen. Außerdem ist sie eine angenehme Abwechslung von der Routine des Reitplatzes. Ebenso wichtig ist, daß Sie beim Reiten im Gelände ein *Gefühl* dafür bekommen, wieweit das Pferd auf dem Nachhauseweg seine Hinterhand überhaupt untersetzen kann. Das ermöglicht Ihnen, seine Leistung später, auf dem Reitplatz, besser einzuschätzen: Strengt es sich wirklich an, oder geht es nur «soso-lala»?

Der Schritt

Einen guten Schritt zu *erfühlen,* ist für das Reiten so grundsätzlich wichtig wie das Stangentraining für den Balletttänzer. Seltsamerweise verbringen viele Reiter aber ein Leben lang mit Pferden, ohne erklären zu können, wie es sich im Sattel anfühlt, wenn ein

Pferd Schritt geht. Das kommt meist davon, daß sie nie bewußt darüber nachgedacht haben.

Anregung ist der erste Schritt zu Wahrnehmung. Setzen sie sich also auf ein ruhiges Pferd, und reiten Sie im Schritt um den Platz. Halten Sie nur leichten Kontakt zum Pferdemaul, um die Bewegung des Pferdekopfes zu erspüren. Sorgen Sie dafür, daß das Pferd nicht stehenbleibt, und konzentrieren Sie sich einstweilen auf die Vorhand; beobachten Sie die Schultern, um festzustellen, welcher Fuß gerade vorschwingt. Lauschen Sie außerdem auf das Aufsetzen jedes einzelnen Hufes.

Wenn Sie diese Hinweise bewußt wahrnehmen, versuchen Sie am Zügel herauszuspüren, wie der Pferdehals im *Rhythmus* des Auffußens mitschwingt. Sie sollten spüren und sehen, daß der Pferdekopf nach links schwingt, wenn der rechte Vorderfuß in der Luft ist, und nach rechts, wenn der linke Vorderfuß in der Luft ist.

Jetzt erst kommt die Hinterhand daran. Konzentrieren Sie sich darauf, durch den Sattel hindurch zu spüren, wo sich bei jedem Schritt die Hinterfüße befinden. Wenn der rechte Hinterfuß abfußt, verlagert das Pferd sein Gewicht nach links, um besser das Gleichgewicht zu halten. Dadurch bewegt sich auch der Sattel ganz leicht nach links, und umgekehrt.

Um nun ein noch intensiveres *Gefühl für die gesamte Bewegung zu erhalten, schließen Sie im Schritt die Augen. Sie werden überrascht sein, wie schnell sich das Gefühl* des Schritts auf Ihre Hand und Ihren Sitz überträgt. (Sie verschaffen sich dadurch gleichzeitig eine gute Vorstellung dessen, im Sattel ganz ruhig zu sitzen.) Man erwischt den Rhythmus des Schrittes schneller in einem Vielseitigkeits- als in einem Westernsattel, weshalb ersterer sich für die Anfangsarbeit zur Entwicklung der Gänge besser eignet.

Das exakte Ausreiten der Hufschlagfiguren ist eine gute Übung für Sie und das Pferd. Nützlich ist dies allerdings nur, wenn jede Figur permanent besser ausgeführt wird. Volten müssen rund sein und dürfen nicht aussehen wie Fußbälle, denen die Luft ausgeht. Die Schlangenlinien sind exakt auszureiten, usw. Darauf müssen Sie wirklich achten. Es ist nur zu leicht, fehlerhafte Figuren zu reiten. Manche Volten sind an einer Seite ausgebeult oder abgeflacht, und jeder dieser Fehler beeinträchtigt die Regelmäßigkeit der Gänge, die Sie bei Ihrem Pferd entwickeln wollen.

Solange Sie sich die Hufschlagfiguren nicht bildlich vorstellen können, hilft es, Markierungspunkte aufzustellen. Man kann die Umrisse der Figuren in etwa durch Hindernisständer oder Fässer markieren oder sich für das Abwenden und Ankommen an Punkten an der Bande orientieren. Man kann sogar ein paar lange Seile aneinanderknoten und in Form der entsprechenden Figur auf dem Boden auslegen oder sie durch Kalkstreifen kennzeichnen, an denen man außen entlangreitet. Wie auch immer: Geben Sie acht, daß Sie sich auf Ihr *Gefühl* dafür, wie das Pferd geht, konzentrieren können.

Wie groß Sie die Hufschlagfiguren reiten, hängt von Ihnen ab. Weniger als sieben Meter Durchmesser sind bei Volten und Kehrtvolten für das Pferd schwierig zu bewältigen. Es ist noch nicht geschmeidig und ausbalanciert genug, um seine Hinterhand in engen Wendungen richtig einzusetzen. Sie müßten die Wendung hauptsächlich durch die Zügel erzwingen. Werden andererseits die Figuren zu groß angelegt, geht ein Teil des Nutzeffektes verloren. Zehn Meter Durchmesser sind ungefähr richtig, und die doppelte Kehrtvolte ist die ideale Figur, wenn man anfangen will, das Gleichgewicht des Pferdes zu verbessern.

(Hören Sie auch, bis das Pferd die Routine erlernt hat, die Sie ihm beibringen wollen, nicht nach ein paar Minuten plötzlich auf. Die Zeit, in der gearbeitet wird, sollte klar definiert werden. Wenn Sie das Pferd ausruhen lassen wollen, reiten Sie in die Mitte der Bahn und lassen es dort verschnaufen.)

Ist die doppelte Kehrtvolte an einer Längsseite der Bahn künstlich angelegt oder fest in Ihrer Vorstellung verankert, so reiten Sie – aus jeder Richtung – dem Hufschlag entlang. Von der Mitte aus beginnen Sie die halbe Volte nach innen, reiten in der Ecke auf den Hufschlag zurück und beginnen die andere Halbvolte.

Denken Sie daran, daß es entscheidend ist, das Pferd richtig zu lenken. Zarte Andeutungen, wie Öffnen und Schließen der Finger, sind für diese Ausbildungsstufe zu fein und nicht ausreichend. Zudem reiten Sie ja mit langem Zügel und möchten die natürliche Haltung des Pferdes nicht beeinträchtigen.

Ihre Zeichen müssen irgendwo zwischen weichem Aufnehmen und Rückwärtsbewegen der Hand liegen. Das geht nur, wenn Sie mit weich und locker gehaltenen Armen reiten. Entwickeln Sie ein

Gefühl dafür, wieviel an Druck oder Zug erforderlich ist, um das Pferd korrekt auf der Figur zu halten, *ohne die freie Kopfhaltung zu stören.*

Die ersten Versuche mit der doppelten Kehrtvolte dienen hauptsächlich dazu, Sie und das Pferd an das Reiten von Hufschlagfiguren zu gewöhnen. Sie werden aber merken und *fühlen,* daß das Pferd in jeder Wendung an Schwung verliert; es drängt mit der Schulter nach innen und wird langsamer. Statt in der Wendung die Hinterhand unterzusetzen, ist es für das Pferd einfacher, mit der Vorhand hineinzudrängen. An Ihnen liegt es, ihm diese Bequemlichkeit abzugewöhnen.

Wenn Ihr Pferd diese etwas schludrige Art des Gehens überhaupt nicht zeigt, ist wahrscheinlich der Durchmesser der Kehrtvolten zu groß, und Sie müssen ihn verkleinern. Sie brauchen zwar großangelegte Figuren, doch müssen sie so eng sein, daß das Pferd hineindrückt. An genau diesem Punkt nämlich können Sie den Fehler und seine Korrektur am besten *fühlen.* (Etwas Hineindrängen in die Wendungen läßt sich kaum vermeiden; das ist auch nicht so schlimm, *solange der Schub in der Wendung eindeutig aus der Hinterhand kommt.)*

Reiten Sie die Figur noch einmal. Wenn Sie dieses Mal merken, daß das Pferd in der Wendung langsamer werden will, treiben Sie vermehrt mit dem Schenkel, um die Hinterhand zum Vortreten anzuregen. Wenn die treibende Hilfe richtig bemessen war, mußten Sie eine vermehrte Anstrengung des Pferdes spüren. Wieviel Schenkelhilfe? *Gerade genug, um das Untersetzen der Hinterhand zu fühlen, ohne daß das Pferd in einen eiligen Schritt fällt.*

Leichtes Klopfen mit den Absätzen, auf das das Pferd nicht reagiert, irritiert es nur. Kräftiges Klopfen läßt es vielleicht einen Satz nach vorn machen, aber wenn es auf leichten Druck des Schenkels nicht anspricht, müssen Sie vielleicht so grob werden. Denken Sie aber immer voraus, und vergessen Sie nicht, daß Sie Ihr Pferd an *leichte* Hilfen gewöhnen möchten. Bringen Sie ihm bei, daß es den Absatz nicht zu spüren bekommt, wenn es schon dem Schenkel gehorcht.

Die ist das *Ideal.* Doch während es bei dünnhäutigen Pferden oft zu erreichen ist, bedürfen andere des stärkeren Drucks der Absätze. Setzen Sie trotzdem zuerst den Schenkel ein. Das Pferd sollte immer die Wahl des einfacheren Weges haben.

Sie mögen einige Meinungsverschiedenheiten auszutragen haben, ehe Sie sich mit dem Pferd über die elementaren Hilfen geeinigt haben. Machen Sie sich nichts daraus. Denken Sie nur daran, sich stets auf *eine* Sache zu konzentrieren.

Reiten Sie die doppelten Kehrtvolten, und konzentrieren Sie sich auf die Reaktion des Pferdes auf Ihre Schenkelhilfen in den Wendungen. Machen Sie sich auch nichts daraus, wenn Sie Dutzende von Malen in Dutzenden von Wendungen immer von neuem den Schenkel einsetzen müssen. Sie bringen dem Pferd eine Gewohnheit bei. Und für Gewohnheiten, die – für das Pferd – «keinen Sinn ergeben», braucht man mehr Geduld.

Nach einigen Versuchen müßte Ihnen klar sein, warum es so wichtig ist, daß das Pferd Hals und Kopf in den Wendungen natürlich trägt. Jede kleinste Abweichung, besonders die durch Zügeleinwirkung zustande gekommene – und *das Pferd verliert den Schwung, den Ihre vortreibenden Hilfen erzeugen.*

Es kann sein, daß Sie ein Dutzend Lektionen oder mehr auf die doppelte Kehrtvolte verwenden müssen, ehe das Pferd bereitwillig reagiert. Ihre Antwort muß dann darin bestehen, es ganz vorsichtig zu *größerer Genauigkeit* anzuhalten, denn allzu leicht wird es Ihnen das Pferd auch wieder nicht machen. Es wird sich zu drücken versuchen, wenn Sie von ihm verlangen, daß es sich in den Wendungen anstrengt. Vielleicht versucht es mit der Hinterhand nach außen auszuweichen. *Fühlen* Sie, wann das der Fall ist. Korrigieren Sie das Pferd mit dem äußeren Schenkel, und treiben Sie es dann *sofort* mit beiden Schenkeln nach vorn.

Vielleicht versucht es, im Schritt eiliger zu werden. Halten Sie es durch leichtes Annehmen der Zügel zurück. Geht es gegen die Hand, korrigieren Sie es sofort durch einseitiges Annehmen des Zügels, rechts oder links (der andere Zügel bleibt stehen), und treiben Sie es *im selben Augenblick* mit beiden Schenkeln vorwärts. Das ist äußerst wichtig. Das Pferd muß immer *vorwärtsgehen;* das bricht seinen Widerstand und veranlaßt es, sich geradezurichten.

Während der Übungen der doppelten Kehrtvolte korrigieren Sie, Schritt für Schritt, kleine Ausweichmanöver des Pferdes, die sich fast naturgemäß bei der Arbeit einschleichen. Und *denken Sie daran, daß des Pferdes – wie auch des Menschen – stärkster*

Drang ist, Angenehmes zu tun, Unangenehmes zu meiden. Eine Korrektur muß ihm unangenehm sein; nicht schmerzhaft, aber auf jeden Fall unangenehm. Auf diese Weise lernt es, daß es keine unangenehmen Empfindungen gibt, solange es das tut, was Sie wollen. Ihre Hände und Schenkel sind immer «nahe genug», es zurückzuhalten oder vorzutreiben – *und zwar sofort.*

Wenn Sie ein Gefühl für diese Übungen entwickeln – und das ist nicht schwer –, haben Sie ein wichtiges Prinzip der Kunst der Pferdeschulung gelernt. Lassen Sie sich darum Zeit. Denken Sie nie daran, wielange diese – oder eine andere – Ausbildungsstufe dauern dürfe. Arbeiten Sie an dem «Wie-gut». Halten Sie die einzelne Übungsstunde kurz. Vermeiden Sie es, das Pferd aufzuregen, und übermüden Sie es nie.

Ist es Ihnen gelungen, die doppelten und – zur Abwechslung – einfachen Kehrtvolten korrekt und leicht zu reiten, sollte sich zwischen Ihnen und Ihrem Pferd ein deutlicher «Rapport» gebildet haben, und Sie werden bald merken, auf welcher Seite sich das Pferd weniger gut biegt. Klar, daß Sie es vermehrt auf dieser Hand arbeiten, damit die Muskeln sich entspannen.

Hat das Pferd gelernt, Ihre vortreibenden Hilfen in der Wendung anzunehmen, beginnen Sie, das vermehrte Untertreten auch schon vor der Wendung von ihm zu verlangen. Mit anderen Worten, *gewöhnen* Sie es daran, seine Hinterhand energisch einzusetzen, wann immer Sie es von ihm verlangen. Und wenn Sie nach der Kehrtvolte wieder am Hufschlag ankommen, ändern Sie das gewohnte Muster, und reiten Sie weiter geradeaus, wobei Sie auch auf der Geraden flottes Vorwärtsgehen fordern. Das Pferd wird zu «mogeln» versuchen; lassen Sie sich nicht täuschen und treiben Sie konsequent weiter, bis es lebhaft und schwungvoll vorwärtsgeht, wann immer Sie wollen. Und lassen Sie sich nicht durch hastigeres Schreiten täuschen! Das Pferd soll von hinten schieben, nicht nur nach vorn fallen und auf die treibenden Hilfen mit eiligeren Schritten reagieren. Wenn es dies versucht, halten Sie es zurück, und treiben Sie. Machen Sie ihm klar, daß Sie *Schub* wollen, *nicht Geschwindigkeit.*

Hier fragen Sie vielleicht: «Wie soll ich das Pferd anhalten, wenn ich sein Maul schonen soll?» Ehe das Pferd nicht gelernt hat, seine

Hinterhand einzusetzen, können Sie es nur anhalten, indem Sie es allmählich langsamer machen und dann anhalten. Versuchen Sie nicht, es «auf dem Teller» anzuhalten. Es kann ruhig drei oder vier Schritte machen, bevor es anhält. Wenn Sie ihm bei der Arbeit ohne Reiter beigebracht haben, auf *«Ho-hoo!»* anzuhalten, können Sie auch die Stimme zu Hilfe nehmen, solange Sie keinen schnellen Stopp fordern. Geben Sie das Kommando leise, begleitet von einem leichten Annehmen des Zügels. Aber erlauben Sie dem Pferd, in Ruhe anzuhalten.

Erinnern Sie sich daran, daß ich Ihnen im Kapitel über Zäumungen sagte, Sie sollten die Zügel nicht verwenden, als ob sie aus Zwirn seien? Nun, wenn Sie Ihrem Pferd beibringen, aus dem aktiven, energischen Schritt anzuhalten, machen wir eine Ausnahme. Stellen Sie sich die Zügel als Zwirnfäden vor, die nicht zerreißen dürfen, wenn Sie anhalten.

Das ist wahrscheinlich nicht ganz leicht. Und zwar darum: Bisher haben Sie das Pferd ohne stärkere Einwirkung auf das Maul und die Haltung von Hals und Kopf zum Anhalten gebracht (am besten, ohne daß sich die Haltung überhaupt veränderte). Es hielt an, indem es auf der Vorhand stoppte. Jetzt soll es aus einem von hinten schwungvoll angetriebenen Schritt heraus anhalten. Und dabei soll sich die natürliche Haltung von Hals und Kopf nicht verändern.

Können Sie mir folgen? Begreifen Sie, wie jede Phase der Ausbildung in die nächste übergeht? Und warum Übereilung oder Abkürzung für das Pferd größere Lücken schafft, als es bewältigen kann?

Reiten Sie noch einmal mit Ihrem Pferd auf dem Hufschlag. Die Hinterhand arbeitet. Es ist ruhig. Kopf und Hals werden natürlich und gerade getragen. Reiten Sie durch eine Wendung. Nehmen Sie nach wenigen Schritten die «Zwirnzügel» etwas an und halten Sie das Pferd so flüssig an, wie Sie in Gedanken «*Haal-*» sagen. Wenn Schenkeldruck und Zügeldruck einander entsprechen, müßte das Pferd sofort mit untersetzender Hinterhand und natürlich getragenem Kopf und Hals anhalten.

Es ist eine Sache des *Gefühls*. Und wenn es das erstemal ist, daß Sie auf diese Art zu halten versuchen, wird es wahrscheinlich nicht gleich klappen. Bei diesen ersten Versuchen muß das Pferd nicht

Kehrtvolte zur kurzen Seite

unbedingt genau nach Vorschrift anhalten. Es ist auch schon eine gute Leistung, wenn es nach drei oder vier Schritten langsam zum Stehen kommt – *solange es aus dem aktiven Schritt heraus anhält.* Seien Sie also nicht zu zaghaft: Nehmen Sie an, geben Sie nach, treiben Sie, nehmen Sie wieder an, bis das Pferd aus dem aktiven Schritt heraus anhält. In diesem Fall – und das ist nicht schwer zu *fühlen* – lassen Sie es ein paar Sekunden aufmerksam stehenbleiben. Lassen Sie es wieder antreten, reiten Sie es in aktivem Schritt zum Mittelpunkt der Bahn, und halten Sie erneut an.

Diese Art des Haltens ist nicht leicht. Sie verlangt Takt, aber auch wieder nicht soviel, daß Sie ihn nicht ziemlich schnell erlernen könnten.

Auch aus einem andern Grund ist es nicht leicht: Sie verlangen von dem Pferd jetzt etwas, das dem bisher Gelernten widerspricht, und das kann es sehr wohl aus der Fassung bringen. Beim Halten mit aktiver Hinterhand haben Sie es dazu gebracht, sein Gewicht nach hinten zu verlagern, während es früher einfach vornüberfiel. Und Ihre vortreibenden Schenkel haben dem Pferd signalisiert, daß es den Schub aus der Hinterhand aktivieren und vorwärtsgehen soll. Jetzt wird dieselbe Schenkelhilfe von einem Zurücknehmen des Zügels im Maul begleitet.

Haben Sie damit Probleme und verlieren an Selbstvertrauen, so versuchen Sie es mit dem Halt aus der Kehrtvolte zur kurzen Seite hin (S. 135). Auch hier ist der exakte Ablauf wichtig. Geben Sie die Zeichen etwa zwei Längen vor der Ecke in dem Augenblick, in dem das Pferd von sich aus schon daran denkt.

Ich mag diese Methode nicht sehr, weil sie den unerwünschten Effekt haben kann, daß das Pferd zu tief in die Ecke hineinkommt und man es nicht ohne starke Halsbiegung wieder herauszureiten vermag. Trotzdem erwerben die Schüler meist rasch das *Gefühl* für den richtigen Ablauf eines Halts aus der Hinterhand. Wenn Sie die Methode anwenden wollen, versuchen Sie sie, ohne Ihr Pferd übermäßig biegen zu müssen, um aus der Ecke herauszukommen.

Verzweifeln Sie nicht, wenn es Sie einige Mühe kostet, ein Halten aus aktiver Hinterhand zu erreichen. Vielleicht gelingt es schon beim ersten Versuch. Wenn nicht, bleiben Sie ruhig (halten Sie das Pferd ruhig), und versuchen Sie es noch einmal. Geben Sie Ihre Hilfen konsequent, geduldig und sanft.

Vielleicht versucht das Pferd, Ihnen den Zügel wegzunehmen, wenn Sie Ihre Hilfen geben. Sie wissen, was Sie dann zu tun haben – halten Sie einen Zügel korrigierend zurück, und treiben Sie es vorwärts. Versucht es nach dem Halten, Ihnen die Zügel aus der Hand zu reißen, lassen Sie sie eisern stehen, so daß sich das Pferd durch den Schmerz im Maul selbst bestraft. Sobald Hals und Kopf wieder natürlich getragen werden, geben Sie weich nach.

Natürlich müssen Ihre Hände immer bereit sein, gegenzuhalten (nicht zu ziehen!), sobald das Pferd versucht, Ihnen die Zügel aus der Hand zu ziehen. Das ist der schnellste und sicherste Weg zur Korrektur. Wachsende Erfahrung wird Ihnen helfen, im voraus zu fühlen, wann ein Pferd sich drücken will.

Oft verfällt ein Reiter, wenn ihm das Halten schon ein Halbdutzendmal gelungen ist, in die Gewohnheit, nach unten zu sehen, ob das Pferd auch korrekt auf allen vier Beinen steht. Erstens: wenn das Pferd beim Halten die Hinterhand untergesetzt hat, *müssen* die Beine korrekt parallel stehen. Zweitens: das Hinunterschauen verdirbt den Sitz und die Gelegenheit, *Gefühl* dafür zu entwickeln, ob das Pferd sich richtig aufgestellt hat.

Spüren Sie am Sitz im Sattel, daß das Pferd nicht «richtig» steht, genügt eine kleine Extraanstrengung, um zu *fühlen*, welches Hinterbein herausgestellt ist. Kommen Sie aber durchaus nicht ohne

Ihre Augen aus, so senken Sie einfach den Blick (ohne Kopf oder Oberkörper vorzuneigen), um zu sehen, welcher Huf zuletzt aufgesetzt wird. Meist ist es das diagonale Hinterbein, das nicht richtig steht.

Richtiges Halten auf allen vier Beinen, bei dem das Pferd ein paar Sekunden aufmerksam stillsteht, ist wichtig. Aus dieser Haltung kann man das Pferd in aktivem Schritt antreten lassen, ohne daß es dabei «vornüberfällt». Geht es beim Antreten nicht auf die Vorhand, nehmen Sie die Zügel etwas an und treiben mit dem Schenkel. Halten Sie noch einmal korrekt, und versuchen Sie es von neuem. Jetzt müßten Sie fühlen, wie das Pferd beim Antreten bereitwillig die Hinterhand untersetzt. Der erste Schritt sollte sich anfühlen, als höbe das Pferd sich unter Ihnen auf, anstatt Sie nach vorn fallen zu lassen.

Man hat den Schritt die *Mutter aller Gangarten* genannt, und im wesentlichen stimmt das auch. Wenn Sie Ihrem Pferd beibringen, im Schritt aktiv unterzutreten, mit untersetzender Hinterhand zu halten und daraus wieder mit aktiver Hinterhand anzutreten, ist dies die Quintessenz Ihrer zukünftigen Entwicklung und der Ihres Pferdes.

Auch der Trab hat seine entschiedenen Vorteile. Ist dies aber Ihr erster Versuch im Schulen eines Pferdes und sind Sie so ehrlich, sich einzugestehen, daß Sie dem Pferd nur um einen Schritt voraus sind, würde ich vorschlagen, überhaupt nicht zu traben, ehe die Schrittarbeit wirklich gefestigt ist. Verwirrung zufolge des zu früh versuchten aktiven Trabens könnte zunichte machen, was Sie im Schritt bislang erreichten. Lassen Sie das Pferd sich lieber frei in der Bahn austoben, oder arbeiten Sie es an der Longe, damit es «Dampf ablassen» kann.

Sind Sie allerdings bereits ein geschickter Reiter, der die Kontrolle bewahren und zum Schritt durchparieren kann, ohne die natürliche Haltung des Pferdes zu beeinträchtigen, ist ein normaler Trab hin und wieder ganz angenehm. Lassen Sie nur nichts zur Routine werden: Traben Sie nicht immer vor einer neuen Lektion oder – noch schlimmer – nach einer Lektion. Vor einer Lektion wirkt das Traben vielleicht anregend; nachher zu traben, könnte eine Gewohnheit simulieren, die besagt, daß Traben immer das Ende einer Lektion bedeutet. Wechseln Sie also ab mit den Trabreprisen, und traben Sie ruhig auch einmal in den Pausen zwischen den Lektionen. Auf jeden Fall muß zuerst der aktive Schritt gefestigt sein, bevor Sie mit dem aktiven Trab beginnen.

Der Trab

Der einfache Trab rund um den Platz gibt dem Pferd Gelegenheit, sich in dieser Gangart zu entspannen und seinen Rhythmus zu entwickeln. Geben Sie ihm (und sich) aber die Möglichkeit, seinen eigenen, natürlichen Rhythmus zu finden, besonders wenn Sie ein junges Pferd arbeiten. Viele Reiter traben ein- oder zweimal herum und parieren dann wieder durch zu Schritt oder Halt. Das gibt dem Pferd kaum Zeit, sich in diese Gangart hineinzufinden, einen wirklich beständigen Rhythmus zu finden. Natürlich heißt das nicht, daß Sie das Pferd in diesem frühen Stadium überanstrengen sollen, doch arbeiten Sie es immerhin soviel, daß die Bewegung an sich zu einer eigenen Übung wird. Manche Pferde müssen sich erst im Trab warmlaufen, bevor sie in eine stetige Kadenz finden. Andere wieder (nervigere Typen) muß man eher «abkühlen» lassen, ehe sie bereit sind, ihr Feuer zu einem gemäßigten leichten Trab zu dämpfen.

Wie anders können Sie den Ihrem Pferd eigenen Trab *erfühlen*, als ihm Zeit zu geben, ihn zu finden? Das gilt für alle Gangarten Ihres Pferdes. Bei einem faulen Pferd lernen Sie dadurch außerdem, wieviel «Ermutigung» es braucht, um wirklich zu arbeiten. Die «Norm» eines geborenen Faulpelzes dürfen Sie nicht akzeptieren, sonst macht er Ihnen bald etwas vor.

Nach den Trabreprisen auf dem Hufschlag beginnen Sie große Hufschlagfiguren zu reiten. Machen Sie zum Beispiel an einer langen Seite eine Kehrtvolte, reiten Sie zur nächsten langen Seite und machen Sie dort eine doppelte Kehrtvolte; danach gehen Sie wieder auf den Hufschlag und reiten Schlangenlinien aus zwei oder drei weiten Bögen.

Halten Sie die Hufschlagfiguren groß. Lassen Sie dem Pferd Zeit, sich daran zu gewöhnen. Schließlich bewegen Sie sich nun mit größerer (nicht zu großer!) Geschwindigkeit, und das Pferd gerät dadurch viel leichter in Erregung. Sobald Sie fühlen, daß es sich beruhigt hat und willig mitarbeitet, reiten Sie, wie im Schritt, nun auch im Trab doppelte Kehrtvolten, und bringen Sie ihm bei, daß es die Hinterhand in den Wendungen gut untersetzen muß.

Das Prinzip ist das gleiche, nur bewegen Sie sich viel schneller vorwärts (nicht rennend, doch in dem normalen Trab, den Ihr Pferd anbietet, nachdem es sich beruhigt hat), wenn Sie nun das Pferd auffordern, den Hinterfuß heranzunehmen; seine natürliche Reaktion besteht zunächst darin, daß es schneller geht. Sie müssen es unverzüglich zurückhalten und ihm diesen leichteren Ausweg verbieten. Haben Sie beim Schritt gute Arbeit geleistet, wird es nach ein- oder zweimaligem Bremsen merken, daß der leichte Schenkeldruck nicht bedeutet, daß es schneller laufen, sondern besser untertreten soll.

Möglicherweise müssen Sie die Hufschlagfiguren im Trab etwas größer reiten, weil sie sonst zuviel Biegung vom Pferd verlangen. Achten Sie nur darauf, daß sie noch eng genug sind, um das Pferd langsamer werden zu lassen, damit Sie Gelegenheit zur Korrektur bekommen, wenn Sie die Hinterbeine zum Vortreten anregen.

Widerstehen Sie auch jetzt wieder der Versuchung, zu schnell voranzugehen. Ganz gleich, wie lange es dauert: Arbeiten Sie Ihr Pferd auf diese Art im Trab, bis er ihm zur zweiten Natur geworden ist.

Fassen wir zusammen. Sie sollten nun in der Lage sein, Ihr Pferd im Schritt und Trab mit aktiver Hinterhand auf dem Hufschlag und in einigen Bahnfiguren zu reiten. Beim Halten aus dem Schritt tritt Ihr Pferd gut unter, und beim Antreten fällt es nicht vornüber, sondern setzt die Hinterhand aktiv unter. Bei all diesen Bewegungen bleiben Hals und Kopf in natürlicher Haltung.

Wenn Sie das erreicht haben und dies Ihr erster Versuch im Ausbilden ist, haben Sie eine Menge geleistet. Ihr *Gefühl* für das Pferd und seine Bewegungen hat sich ebenso verfeinert wie Ihr Verständnis für Sinn und Zweck der Hilfen. Und wenn Sie noch mehr Pferde ausbilden oder gar Unterricht darin geben, werden Sie nun – oder doch bald – merken, daß diese ersten elementaren Lektionen niemals übereilt oder abgekürzt werden dürfen.

Jetzt sind Sie soweit, Ihrem Pferd das Antraben aus dem Schritt mit aktiver Hinterhand und das Durchparieren vom Trab zum

Schritt, ebenfalls mit aktiver Hinterhand, beizubringen, genauso wie beim Schritt und Halten.

Das Pferd soll aus dem energischen Schritt antraben, ohne im Augenblick des Antrabens auf die Vorhand zu fallen oder im Schritt weiter auszugreifen. Zur Erinnerung: Ihre Schenkel üben exakt soviel Druck aus, daß sie eine Wirkung erstreben, *und kein bißchen mehr.* Sowie das Pferd gelernt hat, zu reagieren, verringern Sie den Druck der Schenkel, bis er bloß noch als ein Zeichen wirkt.

Zum Antraben werden Sie einen stärkeren Schenkeldruck und mehr Takt beim «Bremsen» brauchen, wenn das Pferd versucht, im Schritt zuzulegen oder beim Antraben auf die Vorhand zu fallen.

Jedes Pferd reagiert eine Spur anders. Meiner Erfahrung nach bewährt sich das folgende System recht gut, wenn Sie Ihre Hilfen schnell genug geben.

Reiten Sie eine lange Seite hinunter, und treiben Sie lange vor Erreichen der Ecke die Hinterbeine mehr als gewöhnlich an. Wahrscheinlich wird das Pferd versuchen, im Schritt zuzulegen.

Bremsen Sie sofort, und drücken Sie die Schenkel stärker an. Hoffen wir, daß Sie den Augenblick erwischt haben, in dem es Schwung entwickelte, und daß Sie, ehe er wieder verlorengeht, es mit vermehrtem Schenkeldruck in einen aktiven Trab trieben. Vielleicht ist es «hineingesprungen». Im Augenblick mag das noch etwas *unreiterlich* aussehen, aber wahrscheinlich erzielten Sie einen Trab aus fleißiger Hinterhand. Wenn Ihre Hilfen «gerade richtig» waren, haben Sie vielleicht einen ziemlich flüssigen Übergang vom Schritt zum Trab erreicht.

Sollten Sie mit dieser Technik Schwierigkeiten haben, machen Sie das, was vernünftige Profis tun, wenn sie Probleme haben: Finden Sie einen andern Weg. Bestehen Sie (besonders bei einem jungen Pferd) nicht darauf, daß es unbedingt *gehorchen muß.*

Wenn Sie beim Bodentraining gründlich vorgegangen sind, können Sie auch das Kommando *«Tee-rab»* zusammen mit der entsprechenden Schenkelhilfe verwenden. Sie können den energischen Trab auch aus dem langsameren Trab entwickeln, aus einem Trab also, der eine Stufe unter der normalen Geschwindigkeit Ihres Pferdes liegt. (Aus Gründen, die ich später erklären werde, möchte ich sogar, daß Sie diesen langsamen Trieb absichtlich zu entwickeln versuchen.)

Reiten Sie dazu im Schritt eine Kehrtvolte. Wenn Sie sich wieder der langen Seite nähern, treiben Sie das Pferd vermehrt an. «Fällt» es vorderlastig in den Trab hinein, lassen Sie es für den Augenblick gewähren. Die Hauptsache ist erst einmal, daß es antrabt. Verhindern Sie aber, daß es nach dem Antraben schneller wird. Parieren Sie es, und treiben Sie es in weitere Wendungen der Kehrtvolten. Dieses ständige Wenden trägt dazu bei, es langsamer zu machen.

Wenn das Pferd diesen langsamen Trab angenommen hat, reiten Sie es aus den Kehrtvolten mit aktiver Hinterhand heraus und halten es im langsamen Trab.

Tempo halten ist wichtig. Wenn es schwierig war, den aktiven Trab aus dem normalen Tempo heraus zu entwickeln, wird es wahrscheinlich auch schwierig sein, das Pferd aus dem normalen Trab zum Schritt durchzuparieren, ohne daß die Hinterhand ausfällt. Aus dem langsamen Trab ist das einfacher. Der langsame Trab wird also zu einer Zwischenstufe. Hat das Pferd erst einmal gelernt, vom Schritt in langsamen Trab zu fallen und vom Trab wieder in Schritt – und zwar mit aktiver Hinterhand –, haben Sie eine Gewohnheit gefestigt und können diese auf den normalen Trab übertragen.

Da der Trab eine wichtige Ausbildungs-Gangart ist, werden Sie sicher verstehen, warum es absolut unumgänglich ist, das konstante Tempohalten und die Hufschlagfiguren im Trab sorgfältig zu üben. Ich kann die Bedeutung der Trabarbeit und die «korrektiven» Aspekte der Hufschlagfiguren gar nicht genug betonen.

Wann immer das Pferd eiliger oder auf andere Art widerspenstig wird, reiten Sie Volten, Kehrtvolten, ein paar Schritte auf dem Hufschlag, dann doppelte Kehrtvolten. Wechseln Sie die Richtung aber nicht so schnell, daß das Pferd sich aufregt. Und auf gar keinen Fall dürfen Sie zum Schritt durchparieren und es «beruhigen», wenn es widersetzlich wird. Machen Sie das ein paarmal und schon denkt es: «*Prima! Ich brauche mich nur ein bißchen aufzuspielen, und schon darf ich Schritt gehen. Klasse!*»

Die verschiedenen möglichen Probleme der Trabarbeit haben wir erörtert. Vielleicht geht auch alles ganz glatt. Aber wenn Sie irgendwelche Schwierigkeiten haben: Stellen Sie sich ihnen. Sie sind nicht unüberwindlich. Ruhige See hat noch nie einen guten Seemann gemacht, und ohne Schwierigkeiten und Probleme zu überwinden, wird man kein guter Ausbilder.

Der Galopp

Der Galopp, die angenehmste und vergnüglichste der Gangarten, wird vom Anfänger am sehnlichsten herbeigewünscht. Die Versuchung, behaupten zu können: «Ich kann mein Pferd jetzt schon in allen drei Gangarten reiten», ist so stark, daß ihr die meisten erliegen. Beginnt man aber zu früh mit der Galopparbeit, so führt das leicht zu schlechten Angewohnheiten, die sich beim Pferd festsetzen. Und sind schon alte Gewohnheiten bei Pferden schwer auszurotten, so sind durch falsches Galoppieren neuerdings erworbene ebenso schwer zu korrigieren. Das Pferd bevorzugt den Galopp nämlich auch, doch auf seine eigene, ihm selbst bequeme und oft faule Weise.

Wenn Sie erst mehr über diese Gangart wissen, werden Sie verstehen, warum das so ist. Inzwischen können Sie auf jedem Turnierplatz die greulichsten Fehler im Galopp beobachten.

Als ich auf kleinen Schauen zu richten begann, war ich die ersten Male sehr nervös, wenn die Teilnehmer hereinkamen. Es sah so gekonnt aus, wenn sie im Schritt und Trab an mir vorbeiritten. «Wie kann ich hier Reiter eliminieren, ohne mich zu irren und unfair zu sein?» fragte ich mich selbst. Kaum aber ertönte das Kommando zum Angaloppieren, konnte ich aufatmen. Die Reiter eliminierten sich selbst. Einige Pferde galoppierten falsch an. Ein paar Reiter schraubten ihre Pferde regelrecht zusammen, damit sie richtig ansprangen. Manche Pferde galoppierten nachlässig, während bei anderen, deren Reiter die Zügel mit schraubstockartigem Griff umklammert hielten, die Vorderbeine wild in die Luft strampelten. Die kleine Zahl halbwegs fähiger Reiter machte die gerechte Bewertung einfach.

Zügelziehen ist eine unselige Angewohnheit. Reiter und Trainer, die noch Anfänger sind, tun es bei den ersten Galoppsprüngen fast instinktiv. Selbstvertrauen und ein fester Sitz sind nötig, um in

Ehren zu bestehen, wenn ein junges Pferd davonschießt oder der Galoppsprung immer länger wird, während man versucht, nicht im Maul zu ziehen.

Besonders bei leicht erregbaren Pferden kann es leicht zu den oben beschriebenen Fehlern kommen, wenn man nach dem Anreiten des rohen Pferdes zu früh mit dem Galoppieren beginnt, und geradezu unausweichlich sind sie, wenn die Schritt- und Trabarbeit nicht gründlich genug aufgebaut wurde. Statt drei Gangarten zu meistern (dem Ziel des ungeduldigen Neulings), kann es leicht damit enden, daß Sie *mit den drei Gangarten von vorn beginnen* müssen. Ich wiederhole deshalb noch einmal: Verlieren Sie nicht die Geduld, und gehen Sie bei der Ausbildung im Schritt und Trab, besonders bei den Übergängen, nicht zu rasch vor. Beherrschen Pferd und Reiter sie wirklich richtig, sollte der Galopp aus der aktiven Hinterhand leicht zu entwickeln sein.

Wie Sie wissen, gibt es von Natur aus stämmige oder vorderlastige Pferde. Sie lernen den leichtfüßigen Galopp mit gut unterspringenden Hinterbeinen am schwersten. Machen Sie sich von vornherein klar, daß es bei jeder Ausbildung immer wieder Augenblicke gibt, in denen Ihre Bemühungen nicht genügend belohnt werden. Vielleicht haben Sie dann solch ein Pferd unter dem Sattel und sind vernünftig genug, einzusehen, daß manche Pferde schon vom Gebäude nicht bringen können, was Sie von ihnen erwarten. Aber nehmen wir hier einmal an, Ihr Pferd sei ausreichend dazu veranlagt, bei richtiger Schulung den leichtfüßigen Galopp zu lernen.

Wenn Sie das Pferd zu Anfang der Ausbildung an der Longe gearbeitet haben, galoppiert es schon ruhig und springt auch auf der richtigen Hand an. Das ist entschieden von Vorteil, wenn auch nicht unbedingt nötig. Auf jedem Fall werden Ihrem Galopp zu diesem Zeitpunkt Feinheiten wie diagonale oder einseitige Hilfengebung abgehen.

Sie möchten das Pferd mit möglichst wenig Zügeleinwirkung in eine Position bringen, aus der es leicht in den richtigen Galopp springt. Und nicht nur das: es soll auch genügend Schub aus der Hinterhand zeigen. Dies erfordert eine Art des Galoppierens, die Ihr reiterliches Feingefühl entwickelt. Das Annehmen der Zügel, mit dem Sie verhindern möchten, daß das Pferd sich zu schwer auf die Vorhand wirft, darf nicht unbewußt härter werden. Wird das

Pferd eiliger, müssen Sie annehmen und nachgeben. Nehmen Sie notfalls auch ein wenig stärker an, aber nicht soviel, daß Sie das Gefühl für die richtige Einwirkung verlieren. Das sollte auch nicht nötig sein, denn inzwischen kennt Ihr Pferd sehr wohl die Bedeutung des milde angenommenen Zügels. Ich erwähne, daß es Schwierigkeiten geben kann, weil ich sie erlebt habe, doch waren sie stets schnell wieder behoben, wenn die Reiter ruhig und selbstsicher blieben.

Um ein Pferd flüssig und auf der richtigen Hand anzugaloppieren, muß man einiges über die Fußfolge wissen. Beim Rechtsgalopp beginnt der Galoppsprung mit dem linken Hinterfuß, der sich vom Boden abstößt und vorschwingt. Dann schwingen rechter Hinterfuß und linker Vorderfuß gleichzeitig vor und fußen fast gleichzeitig (so daß nur *ein* Schlag hörbar ist) auf. Während dieser Stützphase schwingt das rechte Vorderbein vor und fusst dann ebenfalls auf.

Beim Linksgalopp lautet die Fußfolge rechts hinten, links hinten und rechts vorne, links vorne.

Beim Rechtsgalopp muß das Zeichen zum Angaloppieren unmittelbar vor dem Auffußen des linken Hinterfußes gegeben werden, damit das Pferd (richtig) rechts angaloppiert. (Beim fertig ausgebildeten Pferd braucht das Zeichen nicht mehr so exakt gegeben zu werden, es sei denn bei höheren Dressuraufgaben. Das Pferd galoppiert etwa eine Sekunde nach der Hilfe an, wenn der richtige Hinterfuß aufgefußt hat. Wenn ein Pferd aber gern falsch anspringt, müssen Sie sehr darauf achten, daß Sie die Hilfe genau im richtigen Augenblick geben.)

Da Sie aus dem Trab rechts angaloppieren wollen, müssen Sie die Hilfe in dem Augenblick geben, in dem das äußere diagonale Beinpaar (rechts hinten und links vorne) auffußt und bevor das andere Beinpaar (links hinten und rechts vorn) vorschwingt. Auf diese Weise regen Sie den linken Hinterfuß zum Vortreten an, und nur so kann das Pferd richtig rechts angaloppieren. Wenn Sie das diagonale Vorschwingen nicht fühlen (und dazu gehört einige Übung), brauchen Sie nur nach unten zu sehen, wann die linke Schulter vorgeht oder der Huf aufgesetzt wird.

Das sind natürlich ziemlich elementare Dinge. Sie wissen sicher, auf welchem Fuß Sie leichttraben, und richten es sich so ein, daß Sie im Sattel sind, wenn Sie die Hilfe zum Angaloppieren geben. Aber um ganz sicher zu gehen: Wenn Sie (auf der rechten Hand) auf dem rechten Hinterfuß traben, heißt das, daß Sie aufstehen, wenn rechter Hinterfuß und linker Vorderfuß vorschwingen, und sich hinsetzen, wenn linker Hinter- und rechter Vorderfuß am Boden sind. Der linke Schenkel, der die Hilfe zum Angaloppieren gibt, sollte in dem Augenblick wirksam werden, in dem die Phase des Aufstehens zu Ende ist und Sie sich wieder zu setzen beginnen, damit der linke Hinterfuß vermehrt herangeholt wird.

Theoretisch ist das alles richtig. Schwierig wird die Wahl des richtigen Zeitpunkts allerdings, wenn Sie ein Pferd haben, das im Trab sehr «ausgreift».

Um Ihr *Gefühl* für den richtigen Zeitpunkt der Galopphilfe aus dem Trab zu verfeinern, traben Sie um die ganze Bahn und denken jedesmal, wenn Sie sich wieder zu setzen beginnen: *Jetzt.* Wenn Sie angaloppieren wollen, warten Sie bis vor der nächsten Ecke, und legen Sie bei *Jetzt* kräftig den linken Schenkel an, wenn das Pferd durch die Wendung geht.

Zurückhalten und Antreiben müssen sehr fein aufeinander abgestimmt sein, wenn man aus dem Arbeitstrab angaloppieren will; es gehört einiges Feingefühl dazu. Erproben Sie es bei sich selbst. Glauben Sie jedoch, Sie reagierten noch nicht schnell genug, so versuchen Sie am Anfang aus dem *langsamen* Trab anzugaloppieren.

Beginnen Sie mit langsamem Trab auf der rechten Hand. Nehmen Sie vor der Ecke die Zügel ganz leicht an, und machen Sie das Pferd gleichzeitig munter (die Hinterhand darf nicht nachziehen). Wenn der linke Vorderfuß ausgreift, um aufzusetzen, drücken Sie den linken Schenkel etwas weiter zurück als sonst so kräftig an, *daß das Pferd galoppiert.*

Beim ersten Galoppsprung schon nehmen Sie *sofort* den Zügel an, damit sich das Pferd beim zweiten Galoppsprung nicht nach vorn lehnt und die Vorderbeine belastet. Geben Sie sofort wieder nach, und treiben Sie vorsichtig mit den Schenkeln.

Ein träges Pferd muß man nachdrücklicher auffordern als eines, das vor Energie nur so sprüht. Bei einem faulen Pferd kann man mit dem bei der Longenarbeit verwendeten Kommando nachhelfen; vielleicht ist auch eine Reitgerte nötig. Brauchen Sie sie als Unterstützung der Schenkel. Hauptziel ist es, *den Schwung aus der Hinterhand zu erhalten,* ohne das Pferd nervös zu machen.

Statt anzugaloppieren, verfällt das Pferd vielleicht in einen sehr schnellen Trab. Bringen Sie es mit leichtem Zügelzupfen zurück in den langsamen Trab, bis es sich beruhigt hat, und versuchen Sie dann, in einer anderen Ecke erneut anzugaloppieren.

«Und wenn's nicht geht?» fragen Sie. «Mein Pferd wird im Galopp einfach immer schneller.» Bleiben Sie vor allem ruhig. Nehmen Sie das Pferd auf große Zirkel (auf keinen Fall auf enge Hufschlagfiguren wie Volten, wobei es nur in den falschen Galopp springen würde), bis es so langsam wird, daß Sie es wieder unter Kontrolle bringen können.

Das kommt nicht gerade oft vor, aber es kommt vor. Ich erwähne die Möglichkeit, damit Sie darauf vorbereitet sind. Theorien sind eine feine Sache, aber in der Praxis hat man oft mit Ausnahmen von der Regel zu tun. Wenn Ihnen das Pferd *wirklich* davonstürmt, könnte ich mir nichts Schlimmeres vorstellen, als wenn Sie plötzlich mit aller Kraft an den Zügeln ziehen, um es zu bremsen. Geraten Sie nicht in Panik. Reiten Sie große Zirkel, bis es sich beruhigt.

Zum Glück gehen die ersten Galoppversuche meist weit weniger dramatisch aus; oft verlaufen sie so glatt, daß man überrascht ist.

Nach etwa einem Dutzen Galoppsprüngen nehmen Sie das Pferd über den Trab langsam zum Schritt zurück und halten dann an. Loben Sie es. Erzählen Sie ihm, was für ein feiner Kerl es ist.

Wiederholen Sie das Angaloppieren dann in derselben Ecke und auf die gleiche Art, damit sich die Reaktion einprägt. Wie Sie wissen, fällt es dem Pferd in der Ecke leichter, mit dem richtigen Fuß anzugaloppieren, weil es aus der Wendung heraus ganz natürlich ist, den inneren Fuß vorzuwerfen. Reiten Sie die Ecken jedoch nicht zu sehr aus. Der Galopp beginnt mit dem äußeren Hinterbein, und das Pferd darf nicht das Gefühl haben, gegen die Wand gedrängt zu sein. Es springt sonst nur falsch an oder läßt die Hinterhand nachschleppen. Springt es falsch an, bringen Sie es schnell aus der Ecke heraus und zurück in den Trab.

Vielleicht sind Ihnen noch einige zusätzliche Hinweise von Nutzen. Angenommen, Ihr Pferd macht es sich gern bequem und springt meist auf einer Seite – sagen wir links – an. Beginnen Sie mit der Galopparbeit auf der rechten Hand. Verlangen Sie den Rechtsgalopp öfter als den Linksgalopp, um seiner Tendenz, sich nicht anzustrengen, entgegenzuwirken.

Bei einem temperamentvollen Pferd beginnt man den Galopp besser auf der von ihm bevorzugten Hand. Diesen Typ Pferd muß man möglichst ruhig halten. Nach ein paar Wiederholungen auf der bevorzugten Hand galoppiert man auf der anderen Hand an. (Welches die bevorzugte Seite ist, merkt man schnell, wenn man das Pferd beim Freilaufen beobachtet.) Möglicherweise galoppiert es immer auf beiden Seiten leicht an – wie von der Natur vorgesehen. Ein Pferd, das ständig eine Seite vor der anderen bevorzugt, ist auf dieser mehr gearbeitet worden als auf der anderen und hat dort stärker entwickelte Muskeln.

Lassen Sie Ihrem Pferd genau wie beim Schritt und Trab Zeit, den Galopp zu festigen. Wenn es ruhig galoppiert, dabei gut unterspringt und jeweils richtig angaloppiert, gehen Sie im Galopp auf große Zirkel. Das hilft dem Pferd, sich zu stabilisieren und den Schwung nicht zu verlieren. Später, und nur wenn das Pferd aus der Ecke heraus *immer* richtig angaloppiert, galoppieren Sie auch auf der Geraden an, erst aus dem langsamen Trab, dann aus dem energischen Schritt.

Zur Erinnerung: Ihr Pferd geht unter Ihnen nun Schritt, Arbeitstrab, eine langsamere Version des Trabs und Galopp; verwechseln Sie das Ausmaß des Erreichten nicht mit Fortschritt. Fragen Sie sich lieber: *Wie gut* führt das Pferd die Lektionen aus? Setzt es im Schritt, Trab und Galopp die Hinterhand unter? Haben Sie dies durch *vorsichtigen* Druck der Schenkel erreicht? Haben Sie das Maul weitgehend geschont und den Zügel aus weich mitgehendem, lockerem Arm heraus *vorsichtig* und immer nur kurz zurückgenommen? Haben Sie das Pferd daran gewöhnt, sich aufmerksam nach Ihnen zu richten? Ohne Angst?

Wenn Sie immer mit «Ja» antworten können, haben Sie einen beachtlichen Meilenstein auf dem Weg zum Ausbilder erreicht. Doch auch wenn Sie einige Fehler eingestehen müssen, ist Ihre Leistung immer noch beachtlich. Zumindest haben Sie sich Fragen gestellt und gemerkt, auf welchen Gebieten es Ihnen an Übung fehlt. Ein erkanntes Problem ist schon ein halb gelöstes Problem. Im übrigen hat noch nie jemand gut ausbilden gelernt, ohne Fehler zu machen.

Sehr wichtig ist es bei fortschreitender Ausbildung, dem Pferd beizubringen, den Kontakt Ihrer Hand zum Gebiß zu akzeptieren, indem Sie allmählich den Druck aufs Maul verstärken.

Bisher hielten Sie die Zügel so locker, daß kaum Kontakt zum Pferdemaul bestand. Sie hatten gelernt, in den Wendungen nur ganz leicht den Zügel anzunehmen und nachzugeben und ein wenig zu zupfen, wenn das Pferd langsamer gehen oder sein Gewicht nach hinten verlagern sollte. Diese leichten Zügeleinwirkungen beeinträchtigen die natürliche Haltung von Hals und Kopf nur minimal (am besten gar nicht).

Jetzt werden Sie lernen, das Pferd in allen Gangarten auf leichten Zügelkontakt zu reiten. Das bedeutet noch kein Biegen im Genick oder Versammlung irgendeines Grades. All das folgt allmählich dem ersten Zügelkontakt, aber als stufenweiser Vorgang. Einfühlsam muß die Reiterhand sich an das Gebiß herantasten, damit das Pferd lernt, den Zügelkontakt anzunehmen. Es darf dem Kontakt weder ausweichen noch sich auf das Gebiß legen.

Am einfachsten lernt das Pferd im Trab auf Zügelkontakt zu gehen, weil sich Hals und Kopf im Trab am wenigsten bewegen. Reiten Sie das Pferd eine Zeitlang wie gewohnt, und gehen Sie dann zum langsamen Trab über. Nehmen Sie die durchhängenden Zügel ganz vorsichtig soweit auf, daß Sie das Gebiß im Maul fühlen können. Nach einigen Schritten treiben Sie das Pferd in den Arbeitstrab. Es wird sich leicht nach vorn legen, um die Gangart zu beschleunigen. Ohne den Kontakt zu verlieren, lassen Sie Ihre Arme leicht in die Bewegung mitgehen. Wenn das Pferd zögert, treiben Sie erneut vorwärts, halten den Kontakt und folgen bereitwillig jeder kleinsten Veränderung der Halsstellung.

Ein Pferd in der ersten Ausbildung dürfte sich diesem Zügelkontakt kaum widersetzen, da es keine schlechten Erfahrungen mit Gebissen gemacht hat. So lassen Sie es also nur energisch vorwärtsgehen und halten Kontakt.

Bei einem Pferd, das schon Erfahrungen mit groben Händen gemacht hat oder korrigiert werden soll, kann das Aufnehmen der

Zügel heftige Abwehrreaktionen auslösen. Bei diesem Typ müssen Sie alle Register ziehen, denn das wird er mit Ihnen auch versuchen.

Seine alten Ängste lassen es vielleicht plötzlich im Hals nachgeben und ihn einrollen, um den Kontakt mit dem Gebiß zu vermeiden. Treiben Sie unvermindert vorwärts, und reiten Sie Zirkel, Volten oder Kehrtvolten, was immer sich in dem Augenblick gerade anbietet. Schwungvolle Wendungen zwingen das Pferd dazu, von hinten unterzutreten. Halten Sie auch, wenn das Pferd die Nase einrollt, leichten Zügelkontakt, bis es den Kopf wieder in normaler Haltung trägt, wobei der Kontakt der Hände weich der Bewegung folgt.

Das ist nicht so einfach, wie es klingt. Sie müssen sehr aufpassen. Reiten Sie immer wieder sorgfältig Hufschlagfiguren, bis das Pferd weiß, daß Sie es nicht im Maul reißen werden. Gehen Sie von den Wendungen allmählich über zum Geradeausreiten. Wenn das Pferd sich dann wieder hinter dem Zügel verkriecht, wenden Sie gleich wieder zu einer Figur ab. Ein gebiß-saures Pferd zu korrigieren, verlangt eine große Menge Geduld. Kuriert werden kann es nur von flink reagierenden, weichen Händen, die das Vertrauen, das Sie herstellen möchten, kein einziges Mal enttäuschen.

Wenn sich das Pferd dagegen ausgesprochen aufs Gebiß legt und sich durch vermehrtes Treiben nicht dazu bringen läßt, Hals und Kopf wieder normal zu tragen, bedeutet das, daß es keinen Respekt vor dem Gebiß hat. Sie haben den Punkt erreicht, an dem der Zügeldruck vorübergehend bis zum Schmerz gesteigert werden muß (wie im Kapitel über Gebisse erläutert). Setzen Sie die rechte Hand fest auf, und geben Sie ihm mit dem linken Zügel einen kurzen Aufwärtsruck ins Maul. Die aufgestellte Hand hindert das Pferd daran, den Kopf nach unten zu nehmen, um die Wirkung der strafenden Hand zu verringern. Die Aufwärtsbewegung der Hand hebt Hals und Kopf an. *Treiben Sie es unverzüglich vorwärts, damit es nicht stehenbleibt oder wieder versucht, die Nase fallen zu lassen und sich aufs Gebiß zu legen.* In dem Augenblick, in dem Hals und Kopf natürlich getragen werden, gehen Sie wieder zum leichten Kontakt über. Es soll denken: «Genau betrachtet, scheint das doch angenehmer zu sein.»

Abb. 33. Leichte Zügelanhebung im Schritt und, auf den nächsten Seiten, im Trab und Galopp. Kopf und Hals werden natürlich getragen, die Haltung wird nicht gestört, das Pferd trägt sich im angeborenen Gleichgewicht. Die Reiterhände gehen in die Bewegung mit und liegen leicht auf.

Abb. 34. Die Hände gehen etwas zurück, die Zügel werden ein wenig aufgenommen. Das Pferd tritt energischer vor und ist eine Spur höher im Genick.

Abb. 35 und 36. Dasselbe im Trab: mit nachgebenden und annehmenden Händen. Das Pferd ist äußerst aufmerksam und tritt weit schwingend vor. Auf allen Bildern nimmt der Reiter einen betont leichten Sitz ein.

Abb. 37 und 38. Das etwas heftige Pferd veranlaßt den Reiter, die Hände im Galopp aufzustützen. Zügelkontakt ist etwas verlorengegangen, jedoch wird dieser Fehler sofort korrigiert. Das Pferd antwortet durch verstärktes Untersetzen der Hinterhand und leichte Aufrichtung vorn.

Das Pferd kann dem Zügel auch dadurch ausweichen, daß es die Nase nach oben nimmt. Seien Sie in dieser Situation aber vorsichtig mit der Bewertung. Bleiben Kopf und Hals in natürlicher Haltung, so weicht es nur geringfügig aus, und Sie sollten nicht viel Aufhebens davon machen. Es wird sich geben. Nimmt es die Nase aber kräftig hoch (Sie sollten *fühlen,* wie die Bewegung auseinanderfällt, wie anders das *Gefühl* des elastisch schwingenden Rückens beim aktiv tretenden Pferd eben noch war), dann halten Sie den Kontakt und treiben es vorwärts. Das überzeugt das Pferd davon, daß ihm das Anheben der Nase nichts als Unbequemlichkeit bringt. In dem Augenblick, in dem Kopf und Hals in die Normalstellung zurückkehren, gibt die Zügelhand nach.

Bei manchen Pferden sind solche Korrekturmaßnahmen nötig. Nehmen Sie sie so vor, daß dem Pferd klar wird: Sind Kopf und Hals nicht da, wo sie hingehören, wird es unbequem. Und lassen Sie es wissen, daß die Erleichterung sofort einsetzt, wenn Hals und Kopf wieder normal getragen werden.

Wenn Sie im Trab Hufschlagfiguren und die ganze Bahn mit leichtem Zügelkontakt reiten können, versuchen Sie es auch im Schritt und im Galopp. Folgen Sie dabei mit dem Kontakt stets den natürlichen ausbalancierenden Schwingungen von Hals und Kopf. Damit haben Sie bei Ihrem Pferd ein festes Gefühl von Disziplin hergestellt – eines, dem es vertraut. Und das Pferd hat das Gebiß akzeptiert.

Doch hasten Sie nicht damit, nur weil es das Gebiß akzeptiert, es auch schon versammeln zu wollen. Viele Anfänger tun das. Sie scheinen in diesem kritischen Augenblick zu meinen, als nächstes müßten sie nun natürlich das fertige Aussehen des versammelten, ausbalancierten Pferdes erreichen. Dieser Übereifer kommt wahrscheinlich aus der Begeisterung über die bislang vollbrachte Leistung.

Dem Drange nachzugeben, wäre aber ein Fehler. Ein erfahrener Ausbilder, der Biegung und Versammlung in einem Schritt integrieren kann, könnte dieses «fertige» Aussehen gewiß erreichen. Vielleicht könnten sogar Sie es. Doch Sie würden wichtige einzelne Schritte auslassen, die notwendig sind, Ihr *Gefühl* weiterzuentwickeln.

Wenn Sie doch zu diesem Zeitpunkt damit begonnen haben, Ihr

Pferd zu versammeln, und es durch Unsicherheiten Ihres *Gefühls* in einer bestimmten Situation widersetzlich wurde, veranlassen Sie es vielleicht, sich hinter das Gebiß zu «verkriechen». Wenn Ihnen Hand oder Sitz nicht sagen, wann das Pferd aufhört, aktiv mitzutun, reiten Sie fröhlich auf einem Pferd, das *aussieht*, als wäre es versammelt – bis Sie merken, daß es erst dann reagiert, wenn Sie viel mehr Zügel aufnehmen als nötig ist.

Ehe Sie also das Pferd zu versammeln versuchen, seien Sie ganz sicher, daß es willig und ohne Angst vor dem Gebiß an die Hand herantritt. Denn es hat das Gebiß zwar angenommen; Sie möchten aber, *daß es das Gebiß auch akzeptiert, wenn Sie noch stärker gegenhalten.*

Das bedeutet, die Tritte zu verlängern. (Ich vermeide es, von *verstärkten Gängen* zu reden, weil damit bestimmte Anforderungen der Dressur gemeint sind, die den Anfänger nur verwirren.) Wenn die Verlängerung der Tritte so ausfällt, daß sie den Anforderungen eines starken Trabs genügt, ist das sehr schön. Wichtiger ist aber noch, Sie *fühlen,* daß die Tritte länger werden, während all Ihre Sinne in Takt und Rhythmus des Trittes einschwingen.

Der Takt ist die Trittfolge der Gangart. Rhythmus sagt über die gleichmäßige Wiederholung der Tritte aus. Das Tempo ist die Geschwindigkeit. Sie darf nicht hastig werden. Wenn Sie das Pferd zu schnell werden lassen, verliert es zu diesem Zeitpunkt das Gleichgewicht und reicht automatisch mit den Vorderfüßen vor, um es wieder herzustellen. Die Tritte werden nicht länger, sondern nur hastiger.

Eine Verlängerung der Tritte beschleunigt zwar das Tempo, jedoch durch Verstärkung der Schubkraft der Hinterhand. Das wiederum verlängert die Aktion der Schulter, und der Schwerpunkt des Pferdes liegt weiter zurück, weil die Hinterbeine vermehrt Last aufnehmen.

Manche sind so gebaut, daß ihnen wirkliche Verstärkungen, besonders im Trab, einfach nicht möglich sind. Aber jedes Pferd sollte mit vermehrter Anlehnung an das Gebiß gehen und seine Tritte so verlängern können, daß Sie den Unterschied zwischen der Verstärkung des Tempos (rhythmisch) und Hasten spüren.

Abb. 39. Probe aufs Exempel: Das Pferd, das sich in schönem Gleichgewicht trägt, wird auf Halfter geritten und geht ohne Anleitung schwungvoll und fließend.

Abb. 40. Das gleiche Pferd, auf Stange geritten.

Wieder ist es jener gesegnete Schulungsgang, der Trab, in dem man mit der Verlängerung der Tritte beginnt. Traben Sie im normalen Tempo ein paarmal um die Bahn, damit das Pferd warm wird und gleichmäßig geht. Wenn Sie die Ecke einer kurzen Seite zur langen hin verlassen, verstärken Sie den Druck Ihrer Schenkel. Das Tempo sollte sich nun beschleunigen, doch Ihre Hände, weich gegenhaltend, erlauben es dem Pferd nicht, viel schneller zu werden. Hände und Schenkel müssen so miteinander arbeiten, daß dem Pferd nur die Wahl bleibt, die Tritte zu verlängern. Sie müßten sofort einen stärkeren Schub aus der Hinterhand spüren. Und da das Pferd den Hals nicht auspendelnd vorstrecken darf, nimmt es mehr Stützung durch die Hand an.

Wie bei allen Trainingsvorgängen sollten auch die Übungen zum Verlängern der Tritte nicht übereilt werden. Entwickeln Sie die Verstärkungen langsam, indem Sie auf beiden Seiten häufig durch die ganze Bahn wechseln. Vor den Ecken verlangsamen Sie das Tempo zu seinem normalen Trab. Sich im verstärkten Tritt zu drehen, ist für das Pferd anstrengend und schwer durchzuführen. Auch bei den Hufschlagfiguren müssen die Wendungen groß genug angelegt sein, daß nichts «klemmt» und den Fluß unterbricht, wenngleich eng genug, das Pferd zur Arbeit zu zwingen.

Vielleicht geht Ihr Pferd im Schritt schon sehr energisch vorwärts. In diesem Fall brauchen Sie es nicht mehr so zu treiben, daß der Schritt zuletzt an die Gangart der olympischen Geher erinnert. Verlangen Sie nur um ein Weniges mehr als seinen normalen Schritt.

Ein temperamentvolles Pferd wird sicher verstehen, was von ihm verlangt wird, und mehr als bereitwillig darauf eingehen. An Ihnen ist es, Vorsicht walten zu lassen. Wenn Sie aber des Guten zuviel tun, werden die Tritte kürzer und eiliger, weil es so sein Gleichgewicht zu halten versucht. Und da diese Übung *gerade genug* Streckung von Hals und Kopf erlauben soll, um es dem Pferd zu ermöglichen, bei verlängertem Tritt am Zügel zu gehen, müssen die Hände der natürlichen Nickbewegung des Kopfes im Schritt folgen, jene weiche Beweglichkeit des Maules unterstützend, die bei der Verlängerung des Schritts hilft.

Wenn Ihr Pferd ein Faultier ist, benützen Sie abwechselnd den rechten und den linken Schenkel, um das jeweilige Hinterbein zu längern Schritten anzuregen. Wenn Sie sich immer noch nicht auf

Ihr *Gefühl* verlassen können (Sie sollten es inzwischen), setzen Sie den rechten Schenkel ein, wenn das rechte Vorderbein zurückschwingt (Sie können die Schulter zurückgehen sehen). Dies ist der Augenblick, in dem das rechte Hinterbein aufsetzen wird.

Die Galoppsprünge zu verlängern, ist schwieriger. Im Galopp schleichen sich leicht Unregelmäßigkeiten ein (etwa Abstellen der Hinterhand). Man muß langsamer vorgehen, damit das Pferd sich nicht versteift oder widersetzlich wird. (Das trifft zwar für alle Gangarten zu, aber für den Galopp sollte man es noch einmal unterstreichen.) Erregung und Verlust des Gleichgewichts verringern nicht nur das Vergnügen an dieser so angenehmen Gangart, sondern wecken Widerstände, die den Rücken hohl machen, die richtige Kopfhaltung verhindern und die Hinterbeine aus dem Schwung bringen.

Lassen Sie das Pferd ein- oder zweimal um die ganze Bahn galoppieren (am besten auf der Hand, auf der es sich besser biegt, damit es möglichst wenig Grund zur Aufregung hat). Fordern Sie es dann, wie bei den andern Gangarten, auf, die Tritte zu verlängern, während Ihre Hände in Harmonie mit den Bewegungen des Kopfes Kontakt zum Maul halten. Sie sollten definitiv *fühlen,* wie das Pferd sich stärker an Ihrer Hand abstützt.

Brauchen Sie die Schenkel gerade genug, dieses Gefühl zu erhalten.

Nach etwa einem Dutzend Galoppsprünge bringen Sie Ihr Pferd zu einem normalen Galopp zurück, indem Sie die Finger schließen, um einen milden Druck auf das Pferd auszuüben. Bleiben Sie leicht und weich mit der Hand, wenn das Pferd reagiert. Inzwischen sollten Sie gemerkt haben, daß die Übergänge zum Verlängern der Tritte und der Rückkehr zum normalen Tempo nicht in einem oder zwei Galoppsprüngen nach Ihrer jeweiligen Aufforderung an das Pferd erreicht werden. Das gelingt erst später. Lassen Sie dem Pferd am Anfang soviel Zeit, wie nötig ist – zehn Galoppsprünge, zwanzig –, damit sich das Pferd an die Übergänge so ruhig wie möglich anpassen kann.

Fühlen Sie, wenn Sie Ihr Pferd in weiche Übergänge lenken, die Balance zwischen Ihren Händen und Schenkeln. Hüten Sie sich aber davor, dem Pferd zu erlauben, sich zum vollen Galopp zu strecken! Das ist dann, technisch gesehen, keine Verlängerung der Sprünge mehr, sondern eine andere Gangart.

Vorausgesetzt, Sie haben während all dieser Übungen weder das Maul des Pferdes schlecht behandelt noch seine natürliche Kopfhaltung gestört, sich darauf konzentriert, ihm beizubringen, bei korrekten Hufschlagfiguren und auf der Geraden auf Ihre Schenkelhilfe hin willig und kraftvoll anzutreten, und haben Ihr Hände nur gebraucht, um das Pferd milde zu lenken und zu kontrollieren, dann haben Sie wachsende Geschmeidigkeit, Ruhe und Balance bemerkt und *gefühlt*.

So wie das Pferd am Zügel bereitwilligst vorwärtsgeht, werden Gehorsam und verbesserte Haltung gefördert, indem man ihm beibringt, im Maul und dann im Genick flexibler zu werden. Das eine folgt auf das andere, und beide führen zu gleichzeitiger Flexibilität.

Diese Arbeit zeigt Ihnen, *wie gut* Sie bisher waren. Wenn das Pferd durch Nachgeben reagiert und Sie *fühlen* können, wie es sich unter Ihnen «zusammenzieht», sich zwischen Ihren Händen und Schenkeln versammelt (nicht viel, aber doch spürbar), dann haben Sie viel erreicht.

(Wenn stattdessen das Pferd den Hals sehr hoch nimmt und ihn stark einrollt, wenn es sich *anfühlt*, als ob die Hinterbeine weit hinten wären statt deutlich unter einem, besteht immer noch ein Widerstand. Das Pferd tritt nicht freiwillig ans Gebiß heran. Höchstwahrscheinlich sind auch seine Grundgangarten noch mangelhaft. Noch pointierter gesagt: der Widerstand deckt schonungslos schwerwiegende Fehler während der ersten Ausbildungsphase auf. Unnötig, diesen Beweis nachlässiger Schulung herunterzuspielen. Ihr Pferd spielt nicht mit. Durch sein Benehmen zeigt es die absolute Wahrheit.)

Um ihm beizubringen, im Maul nachzugeben, stellt man das Pferd gerade auf alle vier Beine, macht es aufmerksam und nimmt die Zügel so in die Hände, daß ein leichter Kontakt entsteht. Dann macht man die Finger zu, eine Spur mehr Druck aufs Pferdemaul erzeugend. Vielleicht ist ein bißchen mehr «Überredung» erforderlich – etwa eine leicht flatternde Bewegung, ein Zittern der Hände. Wie auch immer: das Pferd muß einen stetigen Druck der Hände spüren, um zu erfahren, daß es sich von diesem Druck befreien kann, wenn es dem Locken des Zügels mit dem Unterkiefer nachgibt. Es hat eine entspannende Wirkung, die Sie sofort fühlen, wenn die Zügel leicht werden. Öffnen Sie unverzüglich die Finger. Kehrt das Pferdemaul aus der Position des Nachgebens zurück, wird soviel Zügelkontakt hergestellt, wie bestand, ehe Sie den Druck verstärkten.

Während des Entspannens öffnet das Pferd leicht das Maul. Tut es dies nicht, heißt das nicht unbedingt, daß es nicht nachgegeben hat. Es bedeutet nur, daß sein Nachgeben nicht sehr ausgeprägt war. Es liegt an Ihnen, ohne Hinzuschauen zu *fühlen,* wann der Druck vorübergehend nachläßt. Im gleichen Augenblick belohnen Sie das Pferd wie beschrieben, indem Sie die Finger soweit öffnen, daß der vorherige leichte Zügelkontakt wieder besteht.

Ich kann mir nicht vorstellen, daß es Ihnen noch so sehr an Feingefühl mangelt, zuviel Druck auszuüben und das Pferd zu veranlassen, die Nase in die Luft zu strecken. Passiert dies doch und das Pferd protestiert, so reiten Sie wieder an, um es ins Gleichgewicht zu bringen, und versuchen Sie es noch einmal. Wenn es zurückzukriechen versucht, treiben Sie es unverzüglich an und verlangen einen aufmerksamen Halt. Fordern Sie dann mit sanftem Druck das Nachgeben im Maul.

Üben Sie dieses Nachgeben ein paarmal nach den täglichen Lektionen. Es dauert nicht lange, bis Sie fühlen, wie Ihr Pferd sofort nachgibt, wenn Ihre Hände den Zügeldruck nur leicht verstärken.

Reagiert das Pferd, fordert man die gleiche Reaktion in der Bewegung. Fangen Sie beim Trab an. Wenn das Pferd mit ruhigem Schwung vorwärtsgeht und Sie leichten Zügelkontakt haben, schließen Sie die Finger wie beim Halt. Das Pferd sollte darauf sofort reagieren.

Versucht das Pferd, langsamer zu werden, korrigieren Sie mit den Schenkeln und treiben es sanft ans Gebiß heran. Geben Sie gut acht, und drücken Sie die Schenkel etwas fester an, wenn die Finger sich um den Zügel schließen.

Das Tempo der Gangart muß gleichmäßig bleiben. Wechselt es aus Mangel an Schwung, hat das Pferd nicht wirklich nachgegeben, und Sie müssen den Schenkeldruck besser bemessen, damit die Hinterbeine kräftig untersetzen und das Tempo auch beim Nachgeben gleich bleibt.

Es kann sein, daß das Pferd auch im Genick leicht nachgibt. Der Kopf sollte aber wieder in die normale Haltung zurückkehren, wenn Sie auf das Nachgeben der Kinnlade hin die Finger öffnen. Tut er das nicht, treiben Sie mit den Schenkeln, bis das Pferd wieder ans Gebiß herantritt. Wehrt es sich dagegen, wenden Sie die Korrektur mit dem einseitigen Zügelzug an. Und *treiben* Sie es vorwärts. Lassen Sie es nicht heimlich, still und leise auf den Gedanken kommen, hinter den Zügel zu «kriechen».

Wenn das Nachgeben im Trab geglückt ist, versuchen Sie es im Schritt und dann im Galopp. Das Prinzip bleibt das gleiche. Anfänger lassen sich leicht dazu verführen, mehr an Nachgeben zu verlangen als nötig ist. Das Ergebnis ist oft ein «versammeltes Aussehen», das seinen Erzeuger mit tiefer, wenn auch falscher Befriedigung erfüllt – ein weiteres Beispiel für die Torheit, jenem «Jucken in den Fingern» nachzugeben und das Pferd zu schnell in Versammlung zu bringen, um dann schleunigst zur Schulung auf Spezialgebieten überzugehen. Das Nachgeben im Maul, das Nach-

Abb. 41. Freude am Reiten vermittelt eher das wohlerzogene, gehorsame Pferd als eines von nur auffallender Schönheit. Beide Reiter schulten ihre Pferde zu angenehmen Gefährten und sich selbst zu guten Reitern.

geben im Genick und eine ganz leichte Versammlung sollten – wie alle bisherige Arbeit – in behutsamen Übergängen ineinanderfließen. Diese Bedingung nicht zu erfüllen, ist äußerst gefährlich.

Der Reiter, der das Nachgeben zu hastig erzwingen will, geht das gleiche Risiko ein, wie der Anfänger auf dem Drahtseil, der wenige Schritte vor dem Ziel die Balancierstange wegwirft. Auch der Reiter kann die Balancierstange verlieren – nämlich Hals und Kopf des Pferdes. Die richtige Kopf- und Halshaltung bestimmt den Schwerpunkt des Pferdes und ist Voraussetzung für korrektes Versammeln und Gang-Verstärkung bei der fortgeschrittenen Arbeit.

Versammlung darf daher nie erzwungen werden. Das Pferd muß freiwillig auf Schenkel und Zügel reagieren. Nur so können Sie sicher sein, daß das Pferd sich aus der Versammlung streckt, wenn Sie es dazu auffordern, oder umgekehrt wieder an die Hand herantritt.

Dieses Prinzip vor Augen, können Sie vom Nachgeben im Maul zum Nachgeben im Genick übergehen. Traben Sie Ihr Pferd um die Bahn. Fordern Sie es auf, dem stärkeren Druck im Maul nachzugeben. Tut es das, geben Sie nicht wie bisher nach, sondern schließen Sie die Finger *eine Spur* mehr, um das winzige Durchhängen der Zügel, das durch das Nachgeben des Pferdes entstanden ist, auszugleichen. Um dem Druck weiter nachzugeben, gibt das Pferd auch im Genick nach und läßt die Nase etwas fallen. Ich sage *etwas,* weil Sie noch nicht nach senkrechter Nase verlangen oder daß der Hals höher wird. Die Nase bleibt vor der Senkrechten.

Entscheidend ist, daß das Pferd im Genick nachgibt und nicht etwa nur die obere Halspartie anhebt, was bedeuten würde, daß es die Nase zu weit zurücknimmt (vermutlich bis hinter den Zügel) und Ihre Beine nicht schnell genug waren, es am Gebiß zu halten.

Sowie das Pferd im Genick nachgibt, machen Sie die Finger soweit auf, daß der Druck nachläßt, aber nicht soweit, daß es den Hals wieder strecken kann. Ganz sicher wird es das ein- oder zweimal versuchen; schließen Sie unverzüglich die Finger (brauchen Sie auch die Beine), und geben Sie dem Pferd bei entsprechender Reaktion leicht nach.

All dies erfordert einiges Feingefühl, denn Sie bringen Ihrem

Pferd auf diese sanfte Art bei, die Versammlung zumindest teilweise aus freien Stücken beizubehalten. Sie wollen es nicht mit unnachgiebiger, harter Hand halten; also müssen Sie leicht nachgeben (mit anderen Worten: es belohnen), wenn es wirklich in der Versammlung bleibt.

Dieses stufenweise Vorgehen führt zu jener sprichwörtlichen *Leichtigkeit,* die man bei der Schulung anstrebt und die bei einem gut gerittenen Pferd Voraussetzung für weiteres Training auf Spezialgebieten ist.

Gewöhnen Sie das Pferd in kurzen Reprisen am Nachgeben. Bringen Sie ihm das Nachgeben für kurze Zeit auch in den anderen Gangarten bei. Sind Ruhe und Sicherheit erreicht und *fühlen* Sie das Pferd automatisch reagieren, verlangen Sie das Nachgeben auch über einen längeren Zeitraum.

Um es noch einmal zu betonen: das Nachgeben sollte mehr aus der Arbeit Ihrer Beine als der Ihrer Hände resultieren. Der Vorwärtsdrang des Pferdes darf nie verlorengehen. *Vorwärts* also, wie die Franzosen sagen.

Wie man es auch ausdrückt, die Beine sollten die Vorwärtsbewegung regulieren. Sie wollen das Pferd ja nicht zu stark treiben (schon gar nicht bei dem geringen Grad von Versammlung, von dem hier die Rede ist) und wollen es auch nicht unter seinem Tempo reiten. Die Beine halten es in der erforderlichen Balance. Und was in diesem ganzen Buch nachdrücklich betont wurde und immer wichtiger wird, je weiter Sie fortschreiten, ist die Notwendigkeit, zu *fühlen,* wann das Pferd richtig geht.

Das Rückwärtsrichten

Es hat keinen besonderen Grund, daß ich mir das Rückwärtsrichten bis zuletzt aufgehoben habe, obwohl es sich nachteilig auf die Halshaltung auswirken kann, wenn man dem Pferd zu früh in der Ausbildung das Rückwärtsrichten beizubringen versucht. Außerdem entstehen, wie beim Galopp, beim Rückwärtsrichten schnell greuliche Fehler, wenn man es verlangt, ehe das Pferd sein Gleichgewicht gefunden hat und sicher am Zügel steht.

Schlecht ausgeführtes Rückwärtsrichten können Sie (wenn Sie nur richtig hinsehen) auf jeder Schau sehen. Manche Pferde treten nicht mit deutlichen, leichten Schritten zurück. Sie hasten rückwärts mit gespreizten Hinterbeinen, weggedrücktem Rücken und die Nase entweder in die Luft geworfen oder gegen die Brust gepreßt. Natürlich gehen Sie auch nicht gerade rückwärts. Jeder dieser Fehler trägt die Saat in sich für so gefährliche Untugenden wie Steigen, Herumwerfen oder Stehenbleiben.

Es gibt verschiedene Wege, einem Pferd das Rückwärtsrichten beizubringen. Es gibt jedoch nur ein Kriterium dafür, welcher Weg richtig war: Das Pferd muß gerade und willig und außerdem mit diagonaler Fußfolge, wie beim Trab, zurücktreten.

Sie können das Rückwärtsrichten vom Sattel und vom Boden aus lehren, doch immer entlang einem Zaun oder einer Mauer, damit es dem Pferd leichter fällt, gerade rückwärtszutreten. Möchten Sie am Boden beginnen, stellen Sie sich vor das Pferd, mit jeder Hand einen Zügel ergreifend, etwa zwei Handbreit unterhalb des Gebisses. Bringen Sie den Pferdekopf sanft nach unten, und schieben Sie es mit den Zügeln leicht zupfend zurück. Damit das Pferd schneller begreift, was es soll, können Sie ihm mit der Fußspitze leicht gegen das Fesselgelenk tippen.

Hängen Sie sich ihm nicht ins Maul, und versuchen Sie nicht, sein Gewicht gewaltsam zurückzudrücken. Zupfen Sie kurz am Zügel, üben Sie einen leichten Druck aus, und geben Sie nach, wenn das Pferd einen Schritt zurück macht. Schieben Sie es abermals leicht zupfend zurück, und lassen Sie abermals beim Schritt zurück los.

Gleichzeitig sagen Sie *«Zuu-rück»*. Rückwärtsgehen ist eine dem Pferd fremde Bewegung, deshalb sollten Sie es immer nur kurz üben. Einige Schritte pro Tag reichen aus, um beizubringen, was es soll, ohne sich zu widersetzen. Etwa nach der sechsten Übung können Sie die Lektion auch vom Sattel aus vornehmen.

Wenn Sie dem Pferd die Lektion gleich vom Sattel aus beibringen wollen, stellen Sie es ebenfalls neben einen Zaun oder eine Wand. Wenn das Pferd konzentriert stillsteht, nehmen Sie die Hände bei gleich langen Zügeln etwas tiefer als sonst und drücken leicht den Schenkel an, als wollten Sie das Pferd in Bewegung setzen. Ehe es aber vortreten kann, üben Sie mit den Zügeln solange einen Druck nach hinten aus, bis ein Rückwärtsschritt kommt. Dann lockern Sie Hände und Beine. Stellen Sie das Pferd abermals zusammen, und geben Sie die Hilfen, bis es einen oder – wenn es sich gut rückwärtsrichten läßt – zwei Schritte zurücktritt.

Nach jedem Schritt geben Sie in den Hilfen leicht nach. Dann nehmen Sie sie auf für einen weitern Schritt, treiben und geben nach, wenn das Pferd nachgibt, *Schritt um Schritt,* statt fünf oder sechs Schritte hintereinander zu verlangen.

Wenn das Pferd willig zurücktritt, steigern Sie die Folge zu vier, fünf, sechs oder sogar sieben Schritten ohne Zwischenpause. Mindern Sie aber zwischen den Schritten den Druck für Sekundenbruchteile. Schnelles Zurücktreten ist nicht nötig. Ihr Ziel sind langsame, deutliche Schritte, bei denen die Beine sichtbar vom Boden abgehoben werden (und nicht durch den Schmutz schleifen).

Das Rückwärtsrichten ist ein hervorragender Test dafür, ob Ihre Hilfen richtig koordiniert sind und *wie gut* das Pferd darauf reagiert. Wenn das Pferd genau soviele Tritte zurückgetreten ist, wie Sie wollten, und den letzten Tritt beendet, treiben Sie es mit den Schenkeln an und lassen die Bewegung nach vorn zurückfließen (das sollten Sie nach jedem Rückwärtsrichten tun). Diese Übung bringt nicht nur Ihre Hilfen in harmonischeren Einklang, sondern hilft auch dem Pferd, das Gleichgewicht zu bewahren, in dem Wissen, gleich wieder vorwärtsgehen zu müssen. Sie verhilft auch zu besser ausbalanciertem Rückwärtsrichten.

Lassen Sie das Pferd aber nicht mehr als zweimal die gleiche Anzahl Schritte zurücktreten. Sie könnten sonst eine neue Gewohnheit schaffen. Das Pferd mag diese Übung nicht, und wenn Sie dreimal hintereinander fünf Schritte zurück verlangt haben, hält es – bei Pferden nur zu verständlich – nach dem fünften Schritt bald von selbst an. Wechseln Sie somit die Zahl der Rückwärtstritte.

Arbeiten Sie darauf hin, daß das Pferd ruhig und im Takt zurücktritt. Es sollte nicht mehr als ein leichtes Öffnen und Schließen der Finger nötig sein, es solange zurücktreten zu lassen, bis Ihre Beine es wieder nach vorn treiben.

Das Pferd kann beim Zurücktreten mehr oder weniger von der

geraden Linie abweichen. Wenn ausgesprochene Steifheiten bestehen und das Pferd deutlich nach links oder rechts ausweicht, kann man dem mit einseitigem Annehmen des Zügels auf der Seite der Abweichung und in Richtung auf die andere Hüfte entgegenwirken. Nehmen wir an, das Pferd weicht nach links aus. Während der rechte Zügel stehenbleibt, damit der Hals sich nicht dreht, führen Sie den linken Zügel (mit genügend Druck) über den Widerrist und in Richtung auf die rechte Hüfte zu. Das korrigiert die Abweichung, ohne die Vorhand zu stören. Wenn Sie fühlen, daß das Pferd sich geraderichtet, nehmen Sie beide Zügel wieder gleichmäßig auf und verlangen einen weiteren – geraden – Schritt zurück, ehe Sie es nach vorn treiben.

Gut geschult ist ein Pferd, das die Dinge, die es gelernt hat, präzise ausführt, nicht aber eines, das einfach nur eine Menge Dinge tut. Wenn diese Definition auf Ihr Pferd zutrifft, hat es die Grunderfordernisse für ein angenehmes Freizeitpferd gelernt. Und Sie haben es beide weitgebracht.

Doch selbst wenn Sie Fehler machten, lehrt Sie beim Schulen von Pferden nur solides, gründliches *eigenes* Ausprobieren. Allein auf diese Weise können Sie sich die Fähigkeiten erwerben, die Sie brauchen, das nächste Pferd noch besser auszubilden! Die nötige Erfahrung ist nicht leicht zu sammeln – dies ist der einzige Weg dazu.

9 Reiterliches Feingefühl

Bei Pferden kann man nie alles genau voraussagen. Sonst könnte man einfach dogmatische Regeln für die Ausbildung aufstellen, ohne alle die *Wenn und Aber, Jedoch und Hingegen* und weitere Einschränkungen zu den Lektionen der vorhergehenden Kapitel. Aber Pferde sind so verschieden und die Fähigkeiten der einzelnen Ausbilder so unterschiedlich, daß ein Buch nicht mehr als eine Anleitung sein kann.

Zweck dieses Buches ist es, dem Anfänger zu helfen, wachsendes Selbstvertrauen in die oft schwierige Anwendung der Prinzipien bei der Schulung von Pferden zu gewinnen. Vieles blieb ungesagt (etwa das Pferd an die Kandare zu gewöhnen). *Vieles* wäre noch zu sagen, aber wenig wird erreicht, wenn der Einzelne nicht über das nötige reiterliche Feingefühl für weiterführende Arbeit verfügt. Besitzt er es, bedarf er kaum einer zusätzlichen Anleitung, ein Pferd weiterzuschulen. Besitzt er es nicht, helfen ihm auch hundert Bücher auf keiner Stufe der Schulung weiter.

Hoffen wir, daß Sie sich inzwischen reiterliches Feingefühl erworben haben, und zwar aufgrund des Nachdrucks, mit dem ich forderte, Sie sollten *fühlen* lernen, Ihre Hilfen genau abstimmen und koordinieren und sich selbst dazu herausfordern, die Leistung des Pferdes qualitativ zu verbessern, indem Sie die Qualität der eigenen Einwirkung ständig verbessern.

Das ist das *Mehr,* auf das es wirklich ankommt: die Entwicklung eines reiterlichen Feingefühls, das nie leicht in Worte zu fassen, wohl aber klar zu sehen ist, wann immer ein Pferd superb vorgestellt wird.

Reiterliches Feingefühl macht oft sogar Fehler des eigenen Reitens wett und ermöglicht es einem, trotzdem gut geschulte Pferde zu präsentieren. James Fillis, den man zuweilen als «Affen auf dem

Pferderücken» schilderte, weil es ihm an «reiterlicher Form» fehlte, brachte aus schierer Virtuosität spektakuläre Leistungen zustande und hielt sich dennoch an die Prinzipien korrekter Ausbildung.

In Springprüfungen sieht man oft Reiter, die nach äußerlichen Maßstäben alles andere als korrekt zu Pferd sitzen und ihre Pferde dennoch über gewaltige Hindernisse katapultieren.

Woher kommt das? Worin besteht diese mit Worten nicht zu fassende Qualität mancher Reiter, die schlechte reiterliche Form überspielt, während die gleiche schlechte Form bei anderen nur die Pferde in der Leistung stört?

Natürlich ist ein korrekter, eleganter Sitz ideal. Für die klassische Reitkunst ist er sogar unerlässlich. Die Frage ist nur – warum sind manche Reiter, auch wenn sie noch so schlecht zu Pferde sitzen, immer im Einklang mit ihren Pferden? Woher kommt diese ganz besondere Harmonie?

Harmonie ist hier ein passendes Wort und notwendig, um zu einer Definition des Begriffes «reiterlicher Takt» zu kommen. Ganz präzise bedeutet es eine Übereinstimmung von Teilen oder Elementen oder Zusammenklang etwa von Gefühlen. Das ist viel näher an der von uns gesuchten Definition von *reiterlichem Feingefühl*. Es entspricht der Vorstellung, die ich in diesem ganzen Buch buchstäblich gepredigt habe, wenn ich immer wieder betonte, wie wichtig es ist, *fühlen* zu lernen.

Vieles blieb zwar ungesagt, aber es ist ja auch unmöglich, alles zu probieren und zu beschreiben. Ein Buch kann die Grundregeln lehren, doch kann es nie jene Qualitäten entwickeln, die aus der richtigen Anwendung der Regeln in der Praxis entstehen müssen.

Wenn ich meinen Reitschülern alle Möglichkeiten aufzuzählen versuchte, die sich während einer bestimmten Phase der Ausbildung ergeben konnten, merkte ich immer, daß sie darüber fast vergaßen, wie die richtige Reaktion aussehen oder sich anfühlen sollte. Die Begabteren unter ihnen spürten aber schnell selbst, wann eine Reaktion falsch war, und korrigierten sie ebensoschnell.

Was war es, das diese Schüler instinktiv wußten, ohne daß man es ihnen zu sagen brauchte, und sich in reiterlichem Feingefühl äußerte? Die Antwort lautet: Sie hatten die grundsätzliche Voraussetzung dazu entdeckt – einfühlsame Hilfengebung.

Sagen Sie jetzt nicht «Ist das alles?», weil der Begriff einfühlsame Hilfen ebenso vertraut ist wie die Begriffe Leichtigkeit, Geschmeidigkeit und Harmonie. Man hat sie so ungezählte Male in allen einschlägigen Pferdebüchern gelesen, daß sie schon fast ihre Bedeutung verloren haben. Reiterliches Feingefühl aber ist mit einfachen Worten das Wissen darum, wann eine Hilfe oder die Kombination mehrerer Hilfen richtig dosiert, zuviel oder zuwenig ist – und die Trennungslinien sind sehr, sehr fein.

Das erinnert mich an einen Satz, den ich einmal in einem alten Pferdebuch zum Thema fester Halt und Gleichgewicht las: «Fester Halt bewahrt das Gleichgewicht, und das Gleichgewicht wiederum verhindert, daß aus dem festen Halt ein störendes Klammern wird.» Was für eine bildliche Darstellung dessen, was ich über feinfühlige Hilfengebung zum Ausdruck zu bringen versuche!

Einfühlsame Hilfen müssen nicht unbedingt immer weich sein; als strafende Maßnahmen können sie durchaus auch einmal grob ausfallen. Wenn nötig, müssen Hilfen für das Pferd auch unangenehm sein. Wie aber unterscheidet man zwischen unangenehm und schmerzhaft, wenn man nicht schon weiß, wann eine Hilfe einfühlsam und wann sie einfach schwach ist? Das kann nur die Erfahrung lehren. Und daraus folgt, daß die kollektiven Hilfen – Gewicht, Beine, Hände und Hilfsmittel wie Sporen und Gerte – zusammen nachhaltigere Wirkung erzielen, als wenn eine oder zwei besonders nachdrücklich angewendet werden.

Bei feinfühligen Hilfen weiß der Reiter, wann das Pferd auf eine Hilfe sensibel reagiert und wann nicht. Er kann seine Hilfen so dosieren, daß er schnell fühlt, ob die Hilfe zwar weich, aber doch so angemessen war, daß das Pferd reagiert, oder ob sie so weich war, daß das Pferd nicht mehr reagiert.

Zum Beispiel: Ich sprach davon, daß *Leichtigkeit* entwickelt werden müsse, wie es in jeder Reitlehre steht. Leichtigkeit ist der Gipfelpunkt der reiterlichen Leistung. *Wie leicht* aber ist leicht? Wenn Sie nicht aufpassen, können Sie Leichtigkeit (zum Beispiel im Maul) derartig übersteigern, daß das Pferd gar nicht mehr weiß, was ein Druck im Maul ist. Zäumen Sie dieses Pferd auf Kandare, und es verwandelt sich in einen Sterngucker, der vor der leisesten Berührung mit dem Gebiß zurückscheut. *Das* ist zu leicht!

Wenn dies widersprüchlich klingt, so deshalb, weil die Anwendung der Hilfen in der Reiterei in vieler Hinsicht paradox ist – zumindest für das Pferd. Bis die Hilfen feinfühliger werden können, ist das Pferd einer Situation des Antreibens und Zurückzupfens ausgesetzt. Bei einfühlsamer Hilfengebung wird beides nicht mehr mit gleicher Intensität angewandt.

Was erreicht man sonst noch damit, die Hilfen zu verfeinern? Daß es die Fähigkeiten des Reiters und Ausbilders verbessert, ist offensichtlich, aber es hat als Folge dieser Fähigkeiten noch andere Vorteile. Am wichtigsten ist wahrscheinlich, daß man erkennt, ob eine Steifheit durch Gebäudemangel verursacht wird oder ob sie Widerstand anzeigt. Ein Pferd mag dem Zügel gehorchen, aber trotzdem ein totes Maul haben, das einen Widerstand aus der Hinterhand, dem Rücken oder der Schulter anzeigt, der unverzüglich erkannt und beachtet werden sollte.

Verfeinerung des Reitens läßt Sie *fühlen,* daß ein steifes Pferd sich nicht so leicht oder willig biegen kann wie ein geschmeidiges. Auf einem solchen Pferd kann man zum Beispiel die Ecken der Reitbahn nie so tief ausreiten, ohne daß es sich durch «Hereinfallen» der inneren Schulter zu drücken versucht oder der Reiter so übertriebene Hilfen anwenden muß, daß die Hinterhand in der Ecke nach außen ausfällt.

Verfeinerte Hilfen erlauben es Ihnen, ein Pferd «zusammenzustellen», so daß alle seine Teile geschmeidig, ruhig, vorwärts und gerade zusammengehen.

Sie lernen dadurch Pferde auch besser einschätzen, so daß Sie besser wissen, wie Sie bei der Ausbildung jedes einzelnen vorgehen müssen. Des Reiters Feingefühl ist flexibel; es macht ihm bewußt, daß man nicht jedes Pferd so behandeln kann, als sei es das Ideal, das in den meisten Reitlehren dargestellt wird. Manche Pferde reagieren sehr sensibel auf Hilfen. Andere, meist Stuten, verspannen auf die gleichen Hilfen widersetzlich alle Muskeln. Sie werden merken, daß ein Pferd, das im Genick in einem Winkel von 45 Grad angesetzt ist, mit anderen Gangwerten, anderer Flexibilität reagiert als eines, dessen Kopf flacher angesetzt ist.

Und es hat den angenehmen Nutzen, den ich schon in einem früheren Kapitel erwähnte: Ihr ganz persönliches reiterliches Gefühl ermöglicht Ihnen eine bessere Einschätzung der in verschiedenen Pferdebüchern vertretenen Meinungen. Vielleicht verstehen Sie jetzt schon, warum ein Buch dafür ist, daß ein Pferd zuerst lernen muß, mit natürlicher Hals- und Kopfhaltung «vorwärtszugehen», bevor man an Nachgeben im Genick und Versammlung denken kann, und ein anderes empfiehlt, das Pferd nach kurzer Vorarbeit auf Trense gleich auf Kandare zu reiten.

Beide Methoden haben Erfolg. Für welche Sie sich entscheiden, hängt davon ab, welche Ihrem reiterlichen Feingefühl entspricht, denn reiterliches Feingefühl durchleuchtet alle Stufen des Reitens und der Schulung von Pferden. Es ist die Politur, die Qualität, das *Wie-gut,* das nur Sie entwickeln können.

Und das Vergnügen an alledem, vom Augenblick an, da Sie zum erstenmal in den Sattel steigen, um reiten zu lernen oder Ihr erstes Pferd zu schulen, kann in der Fortentwicklung des *Gefühls,* Ihres reiterlichen Einfühlungsvermögens, Ihres Pferdeverstandes, nur immer größer und größer werden. Immer besteht die Herausforderung, noch ein bißchen besser zu werden, so weit man auch kommt.

Das ist es, was die Freude an Pferden und am Reiten ausmacht. Alles, was Sie dazu brauchen, ist Vertrauen – und viel Liebe zum Pferd.

10 Lesevergnügen mit Pferdebüchern

Wenn ich über diese kurze Anleitung, Pferde verstehen und schulen zu lernen, nachdenke, habe ich das Gefühl, mich über die Nützlichkeit von Büchern ablehnender geäußert zu haben, als es meine Absicht war.

Ich lehne Bücher, besonders Reitlehren, keineswegs ab; ich wollte nur betonen, daß vieles, was in diesen Büchern an Lehrreichem gesagt wird, verwirrend wirken und umsonst sein kann, wenn man sich nicht zuerst einige Erfahrung erworben hat, aus der sich das eigene *Gefühl* für Pferde entwickelt. Man hört den Satz «Reiten lernt man nicht aus Büchern» zwar oft genug; ich bin jedoch der festen Meinung, daß Bücher sehr nützlich sein können, wenn man wirklich lernen will.

Schließlich kommt man nicht mit einem Talent für Pferde auf die Welt, auch wenn das dem Ausdruck «ein geborener Reiter» widerspricht. Sicher, bei manchen entwickelt sich das fundamentale *Gefühl* schneller, aber ich habe nie erlebt, daß ein langsamer Schüler es nicht gelernt hätte, wenn er nur intensiv genug lernen wollte. Dieser Wunsch, zu lernen, führt oft von selbst dazu, daß Bücher gelesen werden, und lernen kann man nicht nur aus reinen Lehrbüchern.

Wenn ich zurückschaue und mich an die Pferdebücher erinnere, die ich gelesen und wieder gelesen habe und die mich verzaubert haben, bin ich eigentlich froh, daß ich meine jugendlichen Erfahrungen mit Pferden etwas stellvertreterisch in Büchern gemacht habe. Es wären mir sonst einige spannende Pferdeabenteuer entgangen. Es war zwar eine melancholische Zeit – wie es den meisten Pferdenarren geht, die ganz ohne Pferde in der Großstadt leben –, aber wenn ich damals schon Pferde gehabt hätte, hätte ich sie nicht in den Büchern der Leihbüchereien zu suchen brauchen. Die paar Karrengäule, die noch durch die Straßen zockelten, waren nicht die schönen, rassigen Pferde meiner Vorstellung, und deshalb wendete ich mich den Büchern zu.

Das erste Buch, an das ich mich erinnere, war «Rappen, Braune, Füchse» von C.S. Anderson, kurze, wahre Geschichten über berühmte Renn- und Hindernispferde. Ich glaube, was mir an Andersons Buch neben der künstlerischen Wiedergabe der Pferde am meisten gefiel, war die Art, in der er ein Bild von zwanzig Pferden zeichnete. Jedes Pferd war so beschrieben, daß Leistung, Persönlichkeit, Tick oder Charakter, die das Pferd berühmt machten, klar hervortraten. So wurden War Admiral, ein erfolgreiches Rennpferd, Ugly, ein Pferd der Armee, das als Springpferd Karriere machte, oder Troublemaker, ein Hindernispferd, das sich an einem der gefährlichen Hindernisse das Genick brach, als Persönlichkeiten lebendig und für einen jungen Pferdenarren unvergeßlich.

Mit Carl Raswan flog ich auf einem Zauberteppich und erlebte mit ihm exotische Abenteuer in der arabischen Wüste mit Beduinen und ihren arabischen Pferden. «Schwarze Zelte» hieß der erste Ausflug. Noch erregender war die Suche nach dem vollkommenen arabischen Pferd, das dann Ghazal verkörperte, in «Trinker der Lüfte». Ich las diese Zauberbücher zu einer Zeit, als arabische Pferde in den Vereinigten Staaten noch so selten waren, daß sie mehr Mythos als Wirklichkeit schienen. Raswan schrieb mit soviel aufrichtiger Verehrung über das arabische Pferd, daß der Araber noch heute für mich der Inbegriff der Vollkommenheit ist.

Die Bibliothekarin in der New Yorker Bücherei, in der ich meine Bücher auslieh, bemerkte meine Leidenschaft für Pferdebücher. Ich hatte buchstäblich alles gelesen, was in den Regalen stand. Ich erinnere mich, daß ich sie fragte, ob sie bald neue Pferdebücher bekämen. Sie wußte es nicht genau, sagte aber, viele Bücher würden im Keller aufbewahrt, weil sie nicht genug Platz hätten. Sie würde einmal nachsehen, ob etwas darunter wäre.

Zum Glück tat sie es wirklich, sonst hätte ich nie Bekanntschaft mit Colonel Theodore Dodges «Riders of Many Lands» gemacht, das selbst damals schon ein altes Buch war. Ich war mir durchaus bewußt, daß sich die Zeiten seither geändert hatten, aber es las sich trotzdem gut und aufregend. Wir ritten mit der französischen Kavallerie und den Spahis auf ihren Berbern und Arabern durch

Nordafrika und besuchten dann Pferdeleute auf der ganzen Welt, erfuhren von ihren Pferden, ihren Bräuchen, Reiterkämpfen und Traditionen rund ums Pferd.

Eine andere Welt der Pferde öffnete sich mir, als ich «The Horses of the Conquest» von R.B. Cunningham-Graham las. Ich begleitete die ersten Pferde, die zusammen mit den spanischen Entdeckern den nordamerikanischen Kontinent betraten. Die Geschichte ist eine Mischung aus Triumph, den die Pferde bescherten, und Trauer, weil eines nach dem anderen in den Schlachten umkamen, die zur Eroberung Mexikos führten. Wertvoller als Gold waren diese Pferde, und es nimmt nicht Wunder, daß die Konquistadoren solch ein persönliches Verhältnis zu ihrem kleinen *caballado* hatten. Unter Grahams meisterlicher Feder erwachten die Pferde zum Leben; das Buch verdient unter einer Masse von anderen, denen diese Auszeichnung nicht ganz gebührt, unbedingt die Einordnung als Literatur.

Graham war provozierend (manche nennen es schon exzentrisch). Ich las noch mehrere seiner Bücher, die sich mit dem Gaucho und den Pferden der Pampas befaßten. Ich lernte Tschiffely, Mancha und Gato kennen, den Schweizer, der auf zwei Criollos, eben Mancha und Gato, von Argentinien in den Osten der Vereinigten Staaten ritt: «Tschiffelys Ritt», ein episches Abenteuer.

Ich könnte noch mehr Bücher aufzählen, aber ich wollte über das Lesevergnügen mit Pferdebüchern sprechen, nicht darüber, was ich gelesen habe. Ein einziges Buch möchte ich noch erwähnen, «A World of Horses» von James Reynolds. Wenn ich heute über meine erste Reaktion auf Reynolds nachdenke, muß ich sagen, daß er mir seltsamerweise zuerst gar nicht gefiel; ich fand ihn schwer zu lesen. Als ich später wieder einmal hineinsah und einen Abschnitt, ein Kapitel überflog, wurde ich mit ihm warm. Er war wie jemand, für den man bei der ersten Bekanntschaft nicht viel übrig hat, der aber immer umgänglicher wird, je besser man ihn kennenlernt. Reynolds war ein Künstler und Anhänger des Vollblutsports, und sein Buch ist ein sehr persönliches Gespräch über die Liebe eines Mannes zu Pferden. Man muß sich von ihm davontragen lassen. Dann ist er faszinierend. Hier ein willkürliches Beispiel: «Wenn sich meine Freunde in Virginia, Kanada oder Irland um das offene Feuer versammeln, Teller und Glas in der

Hand, als Beleuchtung nichts als das zuckende Licht und die Schatten der lodernden gelben und orangen Flammen, die über die groben Holzscheite im Kamin züngeln, dann kommt das Gespräch sehr wahrscheinlich auf Hindernisrennen. Erstens wissen alle, die mich kennen, daß es das Thema ist, das mir am meisten am Herzen liegt. Es ist mein Leben... Ein Hindernispferd hat ein ganz bestimmtes Aussehen...»

Und damit nimmt einen Reynolds mit in die Welt einer der härtesten Sportarten, in der das Vollblut König ist. Wie schon gesagt ist Reynolds sehr persönlich, und wenn man diesen Stil erst einmal akzeptiert hat, ist es ein Vergnügen, ihn zu begleiten.

Der Versuch, mit kurzen Worten etwas über den Wert von Pferdebüchern zu sagen, wäre wahrscheinlich zum Scheitern verurteilt. Bei der Vielfalt der Rollen, die das Pferd spielen kann, und seinem enormen geschichtlichen Hintergrund muß es auch entsprechend viele Blickwinkel geben, aus denen man es betrachten kann. Wahrscheinlich ist aber gerade das der Faktor, der das Vergnügen bei den Pferdebüchern ausmacht – an anderen als den eigenen Betätigungen mit dem Pferd teilzuhaben und zu erfahren, wie man Pferde mit anderen Augen sieht und welche anderen Sportarten mit Pferden man sich in anderen Ländern ausgedacht hat.

Wir können zum Beispiel nicht alle aktiv Vollblutrennen reiten, aber wir betrügen uns um all das herrlich aufregende Geschehen auf den Vollblutgestüten und Rennbahnen, wenn wir uns nicht dafür interessieren, was über dieses Gebiet geschrieben wird.

Denken Sie an die Generationen von Pferdeleuten, die das Vollblut entwickelt und trainiert haben. Denken Sie an die Theorien, die zum Thema Züchtung auf Schnelligkeit aufgestellt wurden, an die großen Stammväter der Zucht und die Berge von Kommentaren, die von Rennbahnspezialisten und Historikern geschrieben wurden. Sie vergleichen und analysieren die Großen dieses Sports; sie grübeln über die Könige der Bahn, die dann als Vererber versagten, wie zum Beispiel Native Dancer.

Nehmen Sie Man o'War: Wird es je eine einheitliche Meinung über seine Bedeutung geben? Hoffentlich nicht. Die mit Worten ausgetragene Kontroverse über ihn ist viel aufregender und erlaubt uns, seine Heldentaten aus den verschiedensten Blickwinkeln wieder und wieder zu erleben. In seinem Buch «Step and Go Together» schrieb B.K. Beckwith über ein Interview mit Lou Fuestel, dem Trainer dieses Pferdes. Dieser erzählte von Man o'Wars Sieg in einem großen Rennen in Belmont, den Beckwith als «den arrogantesten Alleingang, den ich je bei einem Rennen erlebte» kommentiert.

Man o'War lief gegen einen Rivalen namens Hoodwink. Und so sah Beckwith das Rennen in der Erinnerung, als der Wunderfuchs in die lange Zielgerade von Belmont einbog: «Etwas so Großartiges und Erschreckendes wie ihn hat es kaum je gegeben. Er war wie die große rote Feuerwand, die der Präriewind vor sich hertreibt, und bei jedem seiner weiten Sätze wurde der Tag heller. Als er – fest am Kopf gehalten – durchs Ziel ging, war Hoodwink fast eine Achtelmeile hinter ihm. Seine Zeit von 2:40 ⅘ für eine Meile und fünf Achtel war ein Weltrekord, der siebenundzwanzig Jahre lang ungeschlagen blieb.»

Wenn man heute von Man o'War liest, klingt es wie eine Fantasie über die Art von Rennpferd, von dem die Turfleute träumen – ein Läufer, wie er einem nur einmal im Leben begegnet. Er war seiner Zeit weit voraus, und was am interessantesten ist: trotz der vielen Rekorde, die er aufstellte, weiß niemand, wie schnell er wirklich hätte laufen können. Fuestel sagte Beckwith, daß Man o'War nie ein ganzes Rennen lang voll ausgeritten wurde, und doch hätte er ein Handikap von 140 Pfund tragen müssen, wenn er in seine vierte Rennsaison gegangen wäre. Deshalb ging er als Dreijähriger von der Bahn ab. Können Sie sich die Spekulationen darüber vorstellen, was passiert wäre, wenn er auch als Vierjähriger, noch stärker und mehr entwickelt, wieder an den Start gegangen wäre?

So märchenhaft seine Rennlaufbahn war, seine Zuchtleistung blieb nicht dahinter zurück. Er begründete eine fabelhafte Dynastie – Battleship, War Admiral, Blockade (dreimaliger Sieger im Maryland Hunt Cup) und Hunderte Söhne und Töchter mehr. Bedenken Sie auch, daß Man o'War laut Fuestel nie auch nur einen Pickel an den Beinen hatte, und das bei den Beinproblemen, von denen die Vollblüter heutzutage geplagt werden! Aber launisch war er, wie sich Fuestel erinnert – «er zog einem das Hemd aus, wenn man nicht aufpaßte...»

Leistung und Persönlichkeit, das ist der Stoff, der Pferde lebendig macht. Über Man o'War, Seabiscuit, Citation, Swaps, den feurigen Nashua, der nur lief, wenn er Lust dazu hatte (so daß Jockey Eddie Arcaro ihn oft am liebsten erschlagen hätte), gibt es aufregende Berichte in Büchern an die Welt des Turfs.

Arcaro schrieb ein Buch, «I ride to Win», aus dem Blickwinkel des Jockeys. Man kann daraus lernen, daß ein Jockey durchaus nicht nur auf dem Pferd sitzt und es lenkt. Zu einem Rennen gehört eine Menge Strategie und Beobachtung der Pace. Arcaro ritt Whirlaway, ein Spitzenpferd, das jedoch die üble Angewohnheit hatte, nach außen wegzubrechen. Er war höchst verblüfft, als der Trainer Whirlaway kurz vor einem Rennen mit einer einzigen Scheuklappe ausrüstete. Würde es glücken? Arcaro schrieb: «Er hob regelrecht ab und katapultierte mich fast aus dem Sattel. Als er seine Beine streckte, hatte ich das Gefühl zu fliegen.»

Viel mehr Jockeys sollten über ihre Erfahrungen im Sattel berichten. Shoemaker, Longden, Hartack hätten eine Menge zu sagen über die Pferde, die sie in den letzten Jahrzehnten zum Sieg ritten oder auf denen sie den Sieg knapp verpaßten, weil sie sich verschätzten oder Pech hatten. Auch das macht den Sport so dramatisch und den Betroffenen manchmal viel Kummer.

Aufregend in jeder Sekunde ist die Welt des Springsports. Die Hochspannung internationaler Turniere finden wir in dem Buch «Jumping Around the World» der erfolgreichen englischen Amazone Pat Smythe.

Jugendliche Spontanität und ein herrliches Pferdeabenteuer werden in «Canadian Entry» beschrieben, das besonders Mädchen im Backfischalter ansprechen wird. Das Buch handelt von der Kanadierin Christilot Hanson, die von strengen deutschen Reitlehrern zur Dressurreiterin von olympischem Format ausgebildet wurde und bei den Olympischen Spielen in Tokio eine eindrucksvolle Vorstellung lieferte. Die Geschichte von Christilot und ihrem Pferd Bonheur ist eine gute Lektüre für junge Leute, die sich für Reitkunst auf höherer Ebene interessieren.

Noch besser gefällt mir «The Will to Win». Wenn Sie noch nichts von Tommy Smith und dem Vollblüter Jay Trump gehört haben, kennen Sie die Sage eines hart errungenen Triumphs nicht. Smith und Jay Trump waren 1965 die ersten Amerikaner, die zusammen das mörderische Grand National im englischen Aintree gewannen. Die Autorin Jane McIlvaine gibt ihren Lesern einen hervorragenden Einblick in die nicht allzu vertraute Welt der Hindernisrennen. Die Geschichte ist sehr menschlich und dreht sich darum, wie Tom nur für seinen Traum, das Grand National zu gewinnen, lebte und schließlich sein Ziel erreichte.

Und wenn Rodeo Ihr Sport ist, führt Gene Lambs «Man, Beast and Dust» oder Foghorn Clancys «My Fifty Years in Rodeo» Sie in die harte Welt der Rodeoreiter ein. Wie im Rennsport diskutieren die Rodeofans ebenfalls endlos, wer der beste Reiter ist oder ob Steamboat besser war als Midnight oder doch Five Minutes to Midnight besser als alle beide. Willard Porters «13 Flat» gibt Einblick in die besonderen Bedingungen bei Prüfungen mit Kühen und Kälbern (Roping) und zeigt das Pferd aus einem ganz anderen Blickwinkel. Und wenn Sie sich für Traber begeistern können, werden Ihnen Bücher wie «Dan Patch», «Big C» oder «Bret Hanover» etwas sagen, berühmte Namen in der Trabrennzucht und dem Trabrennsport Amerikas. Wie die Vollblüter sind auch die Traber aufregende, auf Schnelligkeit getrimmte Präzisionsmechanismen.

Perspektive. Das ist vielleicht das, was Pferdebüchern dem interessierten Leser bieten können, wenn sie ihm neue Gedanken über Pferde unterbreiten. Damit komme ich zu einer anderen Art von Büchern, den Lehrbüchern.

In seiner Einführung zu F. Tesios «Rennpferdezucht» schrieb Edward Spinola: «Erfahrung ist nicht leicht zu gewinnen, und man kann viele Jahre und viel Mühe vergeuden, wenn man bei Null anfängt statt auf den Fundamenten, die andere schon mühevoll errichtet haben.»

Am besten verläßt man sich auf die klassischen Werke, obwohl sie manchmal, wie schon gesagt, verwirrend wirken können, wenn man seinen eigenen Weg, mit Pferden umzugehen, noch nicht gefunden hat. Es gibt auf jeden Fall Autoren, deren Werke auf dem Bücherregal jedes Reiters stehen sollten, der den Namen Reiter verdient.

Captain Vladimir S. Littauer, ein russischer Emigrant und ehemaliger Kavallerieoffizier, hat aus vierzig Jahren, in denen er klassische Reiterei und moderne Reiterei im leichten Sitz miteinander verglich, Pferde und Schüler darin unterrichtete und die beiden

Schulen miteinander verschmolz, seine Erkenntnisse herausgefiltert. Sein Hauptziel ist das Spring- und Geländepferd, und sein Buch «Commonsense Horsemanship» (dessen Übersetzung im Albert Müller Verlag erscheinen wird) ist ein wichtiger Beitrag zu dieser Form der Reiterei.

Man kann Jahre darüber nachdenken, wie Littauer das Pferd beurteilt und was er über die Ausbildung schreibt. Das später geschriebene und kürzere «Schooling Your Horse» gibt dem Freizeitreiter gerade genug Anleitung, daß er sein Pferd zureiten kann, ohne die wichtigsten Fäden dessen zu verlieren, was das Gewebe seiner Philosophie in seinem Hauptwerk ausmacht.

Mit ihm geistesverwandt ist der verstorbene General Harry D. Chamberlin, ein ehemaliger U.S.-Kavallerieoffizier. Nachdem er lange an den Militärschulen von Italien und Frankreich studiert hatte, kehrte er in die Vereinigten Staaten zurück und setzte die Lehren in Fort Riley in Kansas in die Praxis um. Er schrieb zwei Bücher, «Riding and Schooling Horses» (das zum Teil etwas veraltet ist) und das gültigere «Training Hunters, Jumpers and Hacks». Zusammen sind sie wahrscheinlich das Beste, was ein Amerikaner zur Pferdefachliteratur beigetragen hat.

Wie Littauer beschäftigt sich Chamberlin ebenfalls mit dem Spring- und Geländepferd. Er verleugnet das klassische Erbe nie, verwendet aber nur, was ihm nützlich scheint, um willige und beherzte Spring- und Geländepferde zu erziehen. Seine Ausbildungsmethoden sind so durchdacht, daß sie sogar für die Ausbildung von Western-Pferden zu verwenden sind. Was Chamberlin darüber zu sagen hat, wie nachteilig es ist, wenn ein Pferd die Ruhe verliert und hastig springt, gilt auch für Western-Pferde, die ihre entsprechenden Prüfungen eilig herunterhaspeln.

Seine Bemerkungen über eine gute Hand und eine geschulte Hand sind zwar nicht neu (Chamberlin selbst sagt, daß es in der Reiterei nichts wirklich Neues gibt), werden aber frisch und allgemeinverständlich präsentiert.

Er hat neuere amerikanische Autoren beeinflußt, etwa Louis Taylor und sein «Ride American», ein vernünftiger Überblick über das Reiten, oder John Richard Young, den Verfasser von «The Schooling of the Western Horse». Jeder aber trägt Dutzende von eigenen Hinweisen bei, die für seine spezielle Leserschaft und den Freizeitreiter von heute von Nutzen sind.

Auf dem Gebiet der klassischen Reitkunst werben viele Bücher um Aufmerksamkeit. Ich werde mich hauptsächlich auf das Werk des verstorbenen Alois Podhajsky beschränken, des früheren Leiters der Spanischen Hofreitschule in Wien.

Niemand kann seinen Enthusiasmus für das Pferd, seine Ausbildung oder seine Fähigkeiten bestreiten – außer ihm selbst. Aus seinen Büchern spricht Zeile für Zeile, Band für Band eine Liebe zum Pferd, die vielen wissenschaftlich aufgemachten Büchern abgeht.

Podhajskys «The Complete Training of Horse and Rider» («Die klassische Reitkunst. Eine Reitlehre von den Anfängen bis zur Vollendung») wird mit Sicherheit einmal zu den Standardwerken zählen. Und ohne es auch nur im geringsten abwerten zu wollen, ist mir (aufgrund meiner besonderen Interessen) sein leichteres und amüsanteres «My Horses, My Teachers» doch noch lieber.

Vor Jahren las ich die Memoiren von Will James, dem Cowboy-Artisten und Schriftsteller. In seinem Buch «Horses I Have Known» erzählt er von Broncos und den Pferden der Cowboys, die in seiner speziellen Welt der Pferde seine Lehrer waren. «My Horses, My Teachers» ist ähnlich, wenn es auch am andern Ende des Spektrums angesiedelt ist, das die unterschiedlichsten Pferde und ihre Verwendung im Dienste des Menschen umfaßt.

Podhajsky erzählt, wie er als Sohn eines Armeeoffiziers in den Kavalleriekasernen erste Bekanntschaft mit Pferden machte. Dann zählt er die Pferde auf, die ihn später auf seiner eigenen Laufbahn als Offizier der österrreichisch-ungarischen Kavallerie begleiteten. Wie die Pferde ihn erzogen und wie er lernte, Pferde und ihre Schulung vom Standpunkt des Pferdes her zu verstehen, liest sich hervorragend und ist zudem noch äußerst lehrreich.

Besonders gefällt mir eine Stelle über ein Pferd namens Winky: «Als Winky korrekte Übergänge in die nächsthöhere Gangart, beispielsweise vom Trab zum Galopp, und in die nächstniedere, zum Beispiel vom Trab zum Schritt, beherrschte, begann er hervorragende verstärkte Trabtritte zu zeigen. Natürlich war ich davon sehr angetan und machte den Fehler, der allen Reitern schnell unterläuft, den verstärkten Trab zu oft und zu lange von ihm zu verlangen. Plötzlich aber fühlte ich, wie sich Winky gegen meinen vortreibenden Schenkel verhielt – für mich ein Alarmzeichen. Ich gab mich mit einigen guten Tritten zufrieden und hörte auf. Winkys Besitzerin meinte, ich hätte seiner Ungezogenheit nachgegeben, aber das stimmte nicht. Der Fehler lag bei mir. Ich hatte zuviel verlangt. Das Pferd hatte keine andere Wahl. Es konnte nicht sagen: Hör auf! Ich bin am Ende meiner Kraft!

Immer wenn Schwierigkeiten auftreten, sollte sich der Reiter als erstes fragen: Will das Pferd nicht gehorchen, versteht es nicht, was ich will, oder ist es körperlich nicht imstande, meine Wünsche zu erfüllen? Sein eigenes Gewissen muß ihm die Antwort geben. Wenn auch nur der geringste Zweifel besteht, ist es viel besser anzunehmen, daß das Pferd das Kommando nicht ausführen kann, und es dabei zu belassen; das ist klüger, als die Übung mit Gewalt zu erzwingen. Etwas auszulassen hat nie so üble Folgen wie eine Ungerechtigkeit.»

Podhajsky hat in diesem kurzen Absatz mehr gesagt als in vielen anderen Büchern enthalten ist.

Standpunkte und Perspektive: Darin besteht die Qualität bedeutender Bücher. Wenn ich meine eigene Bibliothek überblicke und mir hier und da einen Band näher betrachte, sehe ich noch andere Titel, die Perspektiven eröffnen, Gedanken erörtern und gut zu lesen sind: «Horsemastership» von Margaret Cabell Self, «Learning to Ride, Hunt and Show» von Gordon Wright. «Fundamentals of Riding» von Gregor von Romaszkan und «Modern Riding» von S.R. Kulesza sind besonders interessant, weil beide Autoren früher bei der polnischen Kavallerie waren – wieder ein ganz neuer Blickwinkel.

Wer eine kurzgefaßte historische Analyse der großen Autoren wünscht, von Xenophon bis heute, ist mit «Masters of Equitation» von W. Sidney Felton gut bedient, während E. Hartley Edwards Buch «Saddlery» notwendig ist, um das weite Gebiet der Ausrüstung von Pferden zu verstehen – Gebisse, Zäume und Zäumungen und die wichtige Rolle, die sie in der Reiterei spielen.

Alle tragen dazu bei, dem interessierten Reiter Antwort auf seine Fragen nach dem Wozu und Woher zu geben. Wie die wirkliche Praxis, auf die der passionierte Reiter nie verzichten kann, regen Bücher zum Nachdenken und Vergleichen an, kurz: dazu, den eigenen Pferdeverstand immer noch mehr zu erweitern.

Register